これだけは
知っておきたい

日露戦争の真実

日本陸海軍の〈成功〉と〈失敗〉

明治大学教授
山田 朗 著
Yamada Akira

高文研

もくじ

Ⅲ 日本陸軍の戦略——〈成功〉と〈失敗〉

装丁＝商業デザインセンター・増田　絵里

図1：日露戦争概略図

出典：原田勝正・監修『日露戦争の事典』（三省堂）50頁掲載の図を元に作成。

はじめに
――『坂の上の雲』が描かなかった日露戦争の真実

※〈失敗〉の種がまきつくされた日露戦争

日露戦争を描いた歴史小説として司馬遼太郎さんの『坂の上の雲』は非常に有名です。二〇〇九（平成二一）年一一月からＮＨＫが総合テレビでそれを豪華な俳優陣を出演させたスペシャルドラマとして映像化したことで、あらためて『坂の上の雲』は大きなブームになっています。この作品は、日露戦争にいたる時代状況を描き、かつ秋山兄弟――陸軍の騎兵部隊の育ての親である秋山好古《よしふる》、海軍の連合艦隊の作戦参謀であった秋山真之《さねゆき》兄弟を軸に、同郷（愛媛県）の俳人・正岡子規を配して、さらに山県有朋・児玉源太郎・大山巖《いわお》・明石元二郎《あかしもとじろう》らの歴史上の人物をそのまま主要な登場人物とする、日露戦争がどのように戦われたのかを描いた一大歴史小説です。

『坂の上の雲』を代表として、司馬作品（小説・エッセイ）ではしばしば近代日本の〈成功〉事例の頂点として日露戦争（一九〇四〜〇五年）があり、〈失敗〉事例の最たるものとしてアジア太平洋戦争（一九四一〜四五年）が位置づけられています。司馬さんは自らの軍隊体験もあり、昭和の軍閥・軍隊批判を舌鋒鋭くおこなっています。ここで私たちがあらためて検討しなければいけないのは、このように明治＝〈成功〉、昭和＝〈失敗〉というように二つに分けて考えていいのかということです。日露戦争は〈成功〉の頂点、アジア太平洋戦争は〈失敗〉の最底辺、という具合に二項対立的に考えることはわかりやすいのですが、実は、近代日本の〈失敗〉の典型であるアジア太平洋戦争の種は、すべて日露戦争においてまかれているのです。私たちは、日露戦争が、一見すると〈成功〉の典型事例に見えるけれども、〈失敗〉の種がそこでまきつくされたということについてもう少し考えなければなりません。

まず、日露戦争に勝利することによって、日本陸海軍が軍部——つまり政治勢力として——政治の舞台に登場するようになりました。軍の立場は、日露戦争をへることで強められ、かつ一つの強固な官僚組織として確立します。

もう一つ、近代日本の大きな〈失敗〉の種がまかれたのは、日露戦争後、日本が韓国を併合してしまったことです。それまで韓国は、日本によって植民地化されつつあったものの独立国でした。ちょうど今年（二〇一〇年）は「韓国併合」から一〇〇年という節目になりますが、この日露戦争をへることで、列強との間にある合意が形成されたことは意外に見落とされています。つまり日本の韓国支配を欧米列強が基本的に認めるかわりに、日本は欧米列強のアジア支配――当時、アジアのほとんどの地域は欧米列強の植民地だった――について認めるという取り引き外交がおこなわれたのです。

具体的には、日露戦争の終わりごろから戦争後にかけて、日本は、アメリカとの桂・タフト協定、日英同盟の改定、日仏協約、日露協約などの一連の条約を欧米列強と結びます。そこに一貫しているのは、日本の韓国支配の列強による承認です。これら一連の条約は、日本の韓国支配を認めてくれれば、日本は、例えばイギリスのインド・マレー・シンガポール支配、アメリカのフィリピン支配、フランスのベトナム・ラオス・カンボジア支配を全面的に容認しますという内容を含んでいました。また、ロシアとも日露戦争後に「満州」・モンゴルの分割協定である日露協約を三回にわたって結び、南部「満州」と東部モンゴルは基本的に日本の勢力圏とし、北部「満州」と西部モンゴルはロシアの勢力圏とする線引きをしました。

　よく日露戦争によってアジアの人たちが勇気づけられ、欧米列強の支配に対する抵抗運動が始まったという議論があります。それは確かに一面その通りですが、当時の日本がそれをめざしたわけではありませんでした。むしろ日本は、欧米列強の植民地支配を全面的に容認する代償として列強に韓国支配を容認してもらったのです。

　だからこそ、日本の為政者や軍部は、日露戦争は、欧米列強とアジア勢力の代表としての日本とのたたかいだったという位置づけを、アジア太平洋戦争前に、あらためておこなう必要があったのです。欧米列強のアジア支配に対して日本は一貫してたたかってきたという物語が、アジア太平洋戦争の前につくられていく――日露戦争当時は、決してそういうものではなく、日本は白人帝国主義陣営と同じスタンスに立って、アジアの有色人種を支配する側にまわったのです。

　ただ、日露戦争がアジアの独立運動やその指導者に一定の勇気を与えたことは確かです。中国の孫文、インドのネルー、後に中国共産党をリードする毛沢東たちは、若いころに日露戦争のニュースを見聞きし、勇気を得たことは事実です。しかし、決して日本がそのような意図をもっていたわけではありませんでした。

※小説とテレビ

二〇〇九年一一月からＮＨＫ総合テレビで放映が始まった『坂の上の雲』の第一部は、明治維新から日清戦争直後までを描いているのですが、やはり最大の焦点は日清戦争といえるでしょう。日清・日露の両戦争をどのように描くのか、これは、日本の近代化をどう描くのかとほぼ同義のことです。このＮＨＫ版『坂の上の雲』を見る限り、そこで描かれる日清戦争のイメージは、「新興国日本の飛躍」という旧態依然たるものでした。もっとも、それは、原作の司馬遼太郎『坂の上の雲』に忠実であろうとすれば、必然的にそういった性格を帯びざるをえないのだろうと思います。ただ、原作と比較すると、ＮＨＫ版『坂の上の雲』では日本軍が日清戦争の際に戦地でかなり強引な物資の徴発をおこなったことを若干ながら描いているなど、原作をやや修正している個所もありました。

しかし、おそらくは現在の国際関係や日本人の平和意識を考慮したことからの若干の修正もあるものの、基本線においてＮＨＫ版『坂の上の雲』は、司馬遼太郎さんの原作に忠実であり、〈司馬史観〉の問題点を色濃く反映したものとなっています。そのため、現代から日清戦争・日露戦争をふり返ってみた場合、現代人が汲み取るべき重要な観点がずいぶんと欠落しているといわざるをえないのです。

もちろん、原作であれテレビドラマであれ、『坂の上の雲』はそれが小説であり、テレビ番組がそれをドラマ化したものである以上、作品の中にフィクションが交えられていることは当然のことであり、その点について「史実と異なる」ということだけで批判するつもりはありません。

しかし、司馬遼太郎さんの作品が多くの人々に「史実」と誤解されている現状は正されなければなりませんし、今日から見ると日本の近代化を見る上で欠落してしまっている観点（歴史のどこに眼を向けるか）があるという点で、私は原作とあわせて、このＮＨＫ版『坂の上の雲』もかなり批判的に検討する必要があると思っています。当然のことながら、独自の映像作品であるＮＨＫ版『坂の上の雲』を批判するのに、原作の司馬遼太郎作品を批判してこと足れりとするわけではありませんが、ＮＨＫ版が原作にかなり忠実に制作しようとされていることからすると、やはり、まず原作そのものの基本的な問題点をおさえておかなければならないと思います。

※日露戦争の実相から見えてくるもの――本書のねらい

本書では、まず第Ⅰ章「近代日本の国家戦略――日露戦争への道」において近代日本の国家戦略の特徴をまとめ、なぜ日本がロシアとの戦争という道を選択していったのかまとめてみたいと思います。日本が幕末・明治維新の頃からイギリスの世界戦略にまきこまれ、〈ロシア脅威論〉に突き動かされてロシアとの対決路線を強めていったことをおさえておくことは大切です。

そしてその上で、第Ⅱ章「日露戦争の実像と世界史的意味」で、世界史的な視点、世界的な政治力学、国際的な列強の力学を前提にしないと日露戦争は理解できないことを述べます。日英同盟と露仏同盟、その中間にドイツ、そして世界的な列強になろうとしていたアメリカ、この欧米列強の力関係（英・露仏・独の三極対立構造）を前提にしないと日露戦争はわからないのです。

日英同盟は、日本がロシアとの戦争に踏み切ることを可能にした決定的な要因です。日英同盟がなければ、日本は、戦費の調達（外債の募集）、最新式の武器・弾薬の調達が困難でした。また、イギリスが世界に構築した有線電信の海底ケーブル網と英米マスコミの支援により、日本は情報戦においてロシアをリードすることができましたし、英米のマスコミが流す日本にとって有利、ロシアにとって不利な情報が、日本の戦争遂行にとって有利な状況を作りました。

第Ⅲ章「日本陸軍の戦略――〈成功〉と〈失敗〉」と第Ⅳ章「日本海軍の戦略――〈成功〉と〈失敗〉」では、軍事戦略・戦闘を再検討します。小説『坂の上の雲』やテレビドラマでは、詳しく軍事戦略と戦闘の模様が描写されています。『坂の上の雲』は、旅順攻防戦における第三軍司令官・乃木希典《のぎまれすけ》とその軍司令部の無能ぶりを明らかにし、戦前以来の「乃木神話」を崩壊させましたが、逆に、満州軍総参謀長・児玉源太郎を超人的に描くことで新たな「神話」を創ってしまいました。

日露戦争を日本陸海軍がどのように戦い、どのように教訓化したかが、後のアジア太平洋戦争での大きな〈失敗〉につながるのですが、本当は、日露戦争でも、陸軍・海軍ともに〈失敗〉に次ぐ〈失敗〉だったのです。しかし、ロシアの方がもっと〈失敗〉が多かったから、そして英米が全面的に日本を支援したために日本は「判定勝ち」を得ることができたのです。

とくに前半の海軍、後半の陸軍は〈失敗〉続きでした。とくに陸軍は旅順での〈失敗〉が大きかったのです。第Ⅲ章において、ロシア陸軍との戦いで日本軍が「優勢」を保つことができた真の〈成功〉要因とその逆に実際には大きな〈失敗〉・計算違いだったことは何なのかを明らかにします。第Ⅳ章では、日本海軍にとって手痛い〈失敗〉続きだった戦争の前半と日本海海戦の大勝の真の要因を検討します。

最後の「『坂の上の雲』の歴史認識の危うさ」では、司馬遼太郎さんの『坂の上の雲』の評価についてもふれたいと思います。ただ小説ですから、フィクションが混じっていてもいけないということではありません。しかし、『坂の上の雲』は史実であるというふうにかなり思われているところがあって、よく読んでみると「こんなこと、確かめようがない」ということが随所に出てきます。

例えば山県有朋と明石元二郎が二人でどこかで密談している内容が書かれています。密談した内容が記録に残っているということは、まずないわけですけれども、それは小説家だからできることです。歴史家はそういうことはできませんし、推定はできても、フィクションをまじえて歴史叙述をすることは禁じ手です。この小説をどう読む必要があるのか、テレビ番組はどう見たらよいのかについて考えたいと思います。

なお、本書では、日露戦争の詳細な時系列的な叙述はしてありません。事実関係は本書だけを読んでいただいてわかるようになっていますが、もし、さらに詳しい事実関係を知りたい場合には拙著〈戦争の日本史20〉『世界史の中の日露戦争』（吉川弘文館、二〇〇九年）を、日本近現代史の通史的な理解が必要な場合には、宮地正人監修・大日方純夫・山田朗・吉田裕・山田敬男『日本近現代史を読む』（新日本出版社、二〇一〇年）をあわせて参考にしていただければ幸甚です。

I

近代日本の国家戦略

——日露戦争への道

1 〈ロシア脅威論〉に基づく軍備拡張

明治維新以来の日本の対外戦略の特徴は、基本的には二つあります。一つは、欧米列強の植民地になることをいかに回避するかにあり、もう一つは、欧米列強のやり方をすぐにとり入れて、日本が対外的に膨張していくという路線をとり始めたことにあります。国内体制を固めて、欧米列強に侵略されないようにした上で外に出ていくというのではなく、同時進行で外にも出て行くというやり方をとりました。

日本の対外膨張の一番大きな要因は、〈ロシア脅威論〉です。『坂の上の雲』でも強調されていますが、ロシアが南下し、朝鮮半島に進出し、日本にもやってくるという恐怖感が、明治以来の国家指導者たちに「ロシアに備えなければならない」という感情を強く植えつけたのです。

この〈ロシア脅威論〉を根拠とした軍備拡張論の典型が、一八七一（明治四）年、山県有朋（兵部大輔《ひょうぶだゆう》）・川村純義《すみよし》・西郷従道《つぐみち》（ともに兵部少輔《しょうゆう》）が連名で政府に提出した「軍備意見書」です。まだこの当時は、陸軍省と海軍省に分かれる前で、兵部省という役所がありました。兵部大輔とは兵部省の今日で言う次官にあたる役職で、兵部少輔はそれを支える部下です。この山県たちの「意見書」は、早急にヨーロッパの大国の兵制を模範として徴兵制度を導入し、兵器の国産化と軍幹部の養成が急務であることを訴えています。

また、この「意見書」は、今後日本が建設すべき軍隊は、内向きの軍隊すなわち治安維持のための軍隊ではなく、外向きの軍隊でなければならないとしています。そして、このような軍隊を急速に建設しなければならない根拠としてあげられたのがロシアの〈脅威〉なのです。「意見書」では次のように述べられています。

> 窃《せつ》に見るに方今魯西亜《ほうこんろしあ》頗《すこぶ》る驕傲猖獗《きょうごうしょうけつ》嚮《さき》に「セハストホール」の盟約を破り黒海に戦艦を繋き南は回々諸国を略取し手を印度《いんど》に箸《つ》け西〔東〕は満州の境を越へ黒竜江に上下せんとす　其意以為《そのいおもへ》らく東〔西〕方未《いま》た遽《にわ》かに動かす可《べ》からす故に兵を蝦夷《えみし》に出し北風に乗して温地に趣《おもむ》かんとす　此時に当り皇国の大勢孰《いず》れか急にして最も先んす可《べ》き者そ　今常備精兵を備へ無数の予備兵を設け戦艦を造り砲台を築き将士を育

し器械弾薬を製造貯蔵するに至《いたり》ては国家実に其費用に勝《まさ》ゆ可《べ》からすと雖《いえど》も是《こ》れ必要の大事止めんと欲して止むへからす備へさらんと欲すとも一日も備へさる可からさるものなり　今日四海万国然《しか》らさるなし況《いわん》や北門の強敵日に迫らんとするの秋《とき》に於《おい》て豈《あに》之《こ》れか大計を建さる可《べ》けんや若《も》し夫《そ》れ施設の方法養兵造艦其他一切の計算に於《おい》ては後日を待て　詳《しょう》悉《しつ》上《じょう》陳《ちん》せん　是《これ》則《すなわち》兵《ひょう》部《ぶ》当今《とうこん》の方法なり即《すなわ》ち将来の目途《もくと》也《なり》謹《つつし》んで議す

（出典／大山梓編『山県有朋意見書』〈原書房、一九六六年〉四六頁。原文は旧字・カタカナ。重要部分の傍線は山田〈以下同じ〉）

つまり、「北門の強敵」であるロシアが黒海（バルカン半島方面）、インド（アフガン方面）、そして「満州」黒竜江（極東方面）に勢力を拡張しつつあるので、日本は速やかに近代的な軍事制度をととのえて、「北風に乗して温地に」南下しようとする帝政ロシアに対処できるようにしなければならない、というのです。ここで述べられている「セバストポールの盟約」とは、イギリスがロシアと戦ったクリミア戦争（一八五三〜五四年）終結に際して黒海の非武装化等を定めたパリ和約のことですから、この叙述がイギリス側からロシアを見ていることがわかります。

すでに幕末から北方警備論として〈ロシア脅威論〉は存在していましたが、この「意見書」が提出されたのは明治維新直後の一八七一（明治四）年のことであることは重要です。〈ロシア脅威論〉は、実際にロシアがどれほど日本の近辺に膨張してきているかという実態は別として、日本国家の要人たちにはすでに浸透していたのです。

しかしながら、帝政ロシアの南下に対抗するとはいっても、明治維新を経た直後の日本には、当然のことながら、大国ロシアと直接に向かい合うほどの実力はありませんでした。明治政府の指導者もそのことは十分に認識していたので、ロシアに備えて近代的軍備を構築するとは言いながらも、当面、ロシアとの衝突を避ける戦略をとりました。「樺太千島《からふとちしま》交換条約」の締結（一八七五年）はそのような戦略のあらわれでした。これは、従来、択《えと》捉島《ろふ》までの千島（クリル）列島を日本領とし、樺太＝サハリンを両国「雑居地」（両国民がともに居住できる土地）としていたものを、樺太を全島ロシア領とするかわりに、千島列島は北端の占守島《しゅむしゅ》までを全て日本領とすることによって国境線を明確にして、紛争の火種を取り除こうとしたものでした。

対ロシア戦略にもとづく膨張主義を支える実力の裏付けは、「軍備意見書」が求めたような欧米を模範とした「外向き」の軍事力でした。維新政府は、一八七〇年に〈模範兵制〉を定め、陸軍はフランスを、海軍はイギリスをモデルに軍事力を建設する方針を決定しました。そして、翌一八七一年には、中央政府軍である「御親兵《ごしんぺい》」と四鎮台《ちんだい》（東京・大阪・鎮西《ちんぜい》＝熊本・東北＝仙台）、総兵力約一万人を設置しました。「御親兵」は一八七二年には近衛《このえ》兵と改称され、鎮台は名古屋・広島を加えて一八七三年には六鎮台となりました。

この一八七三年には、「軍備意見書」でも強く求められていた徴兵令が発布され、日本における近代的軍隊＝「天皇の軍隊」の基盤が作られました。その後、「天皇の軍隊」は、西南戦争（一八七七年）を経て、対内的軍備すなわち治安維持のための軍隊から、対外的軍隊すなわち外からの侵略に備えると同時に外に向かって侵攻できる軍隊へと整備されていくことになります。

ところで、たしかにロシアは北方から日本に近づいてきてはいましたが、日本に近づいてきた列強はロシアだけではなかったはずです。そもそも日本を開国させたのはアメリカですし、日本に大きな影響力をもったのはイギリスです。フランスもやってくるし、ドイツも遅れてやってきます。多くの欧米列強が日本に接近していたのに、なぜロシアだけが〈脅威〉に思えたのでしょうか。逆に言えば、ロシアを〈脅威〉に思うことで、そのほかの列強はあまり〈脅威〉とは思われなくなっていく認識の構造ができあがっていくわけです。

これはなぜか。基本的に明治維新以来——幕末以来といっていいのですが——、倒幕勢力の中心となった薩摩・長州両藩や明治維新政府は、基本的にイギリスからの情報で世界を見ていたからなのです。イギリスの新聞やイギリス政府からの情報で世界を見るというやり方です。現在も同じですが、その情報がどこから発信されたかで、ものの見方が変わってきます。現在の日本の場合、アメリカからの情報が多く、たとえば反米勢力＝テロリストというイメージがこの間、流布されてきました。明治維新以後は、基本的にイギリス情報で、例えば新聞だと『タイムズ』、通信社では「ロイター通信」というのちのちまで大きな影響力をもつマスコミが流す情報、そしてイギリス政府が日本に提供してくれる情報で多くの日本人が世界を見ていたのです。

また、明治維新以来、日本政府は「お雇い外国人」をたくさん雇いましたが、一番多いのはイギリス人でした。学校関係では、アメリカ人、ドイツ人、フランス人が結構いましたが、重要なところはイギリス人が握っていたのです。だから、知らず知らずのうちに、日本人は日本からものを見ているように思いながら、イギリスの目で世界を見るようになってしまっていたのです。

当時、イギリスはロシアと世界的に対立していました。バルカン半島を巡ってイギリスとロシアは衝突していました。それからアフガニスタンでも、インドを植民地としているイギリスと、南下しようとするロシアが衝突しました。そして極東です。朝鮮半島と「満州」を巡ってロシアとイギリスは牽制し合っていました。

このイギリスの反ロシア戦略が、日本の政治家やジャーナリストの意識に影響を与えていったのです。実際には当時のロシアに、朝鮮半島まで急速に南下し、日本に押し寄せるだけの余力は客観的にはありませんでした。ところが日本の為政者たちは、ロシアを実態以上に強大に見て、速やかに接近してくる最大の〈脅威〉であると思ってしまったのです。

日本と同盟関係にあったイギリスで出版された『自由のための日本の戦い』。1904～05年にかけて出版された本（全３巻）で、戦地に派遣された従軍記者・カメラマンがイギリス本国に送った記事と写真をまとめたもの。本書に掲載した、出典の記載のない写真・イラストは、この本から引用した。

2　ロシアの〈脅威〉に備える北進論（朝鮮半島先取論）

日本の軍人や政治家のなかでは、このロシアの〈脅威〉に備えるために日本はロシアが朝鮮半島に出てくるよりも前に朝鮮半島を確保すべきである、なるべく日本から離れたところでロシアの勢いを止めるべきだという考え方が強くなっていきます。朝鮮半島先取論です。この時点では、まだ領土にするということではなく、朝鮮半島に対する日本の影響力を強め、親日的な勢力を育成していくことで、ロシアが南下してきたときの防波堤とするという考え方でした。

しかしこの考え方は、中国と朝鮮との伝統的な関係を完全に忘れた議論だったのです。当時、実際に朝鮮半島に影響力をもっていたのは中国（清国）でした。日本は、まだロシアの勢力が朝鮮半島はおろか、「満州」にもおよばないうちに、「ロシアの南下」という脅迫観念をいだき、まだ現実には起こっていない「ロシアの南下」をくいとめることを目標に朝鮮半島に影響力を強めていったのですが、その結果、まず衝突したのは、当然のことながらロシアではなく清国でした。つまり日露戦争の前段階として日清戦争があるということです。この二つの戦争は、ひとつながりのものととらえていいと思います。

「ロシアの南下」に備えて朝鮮半島への影響力を強めようとした結果、中国との衝突を招くわけですが、一八八〇年代の日本にとっては清国は強大な存在でした。朝鮮半島への介入の度を強める日本にたいして、清国も朝鮮を日本に浸食されることは、中国を中心とする伝統的な東アジアの国際秩序（「中華帝国」システム）の重要な一角を突き崩されることになるわけですから、従来の宗属《そうぞく》関係の原則であった内政不干渉の原則をまげて朝鮮の内政に直接介入をおこない、日本の膨張主義に対抗しました。

一八八二年、朝鮮政府内において親日派が排除され（壬午《じんご》軍乱）、清国の影響力が強まりました。また、日本が支援した一八八四年の親日派・金玉均《キムオッキュン》らによるまき返しをはかるクーデター（甲申《こうしん》事変）も清国・袁世凱《えんせいがい》の軍事介入によって失敗しました。日本は朝鮮半島進出への膨張志向を強めつつも、逆に清国によって押し返されることになったのです。甲申事変の際、日本政府は武力介入を図ったのですが、当時の日本には、いまだ清国を実力で排除する自信はありませんでした。衰退しつつあるとはいっても依然として「中華帝国」システムが強力に機能していることと、大国としての清国の軍事力を日本は思い知らされることになりました。そのため日本は以後、ひたすら〈富国強兵〉をスローガンとして陸海軍の拡張につとめることになるのです。

日清戦争をひかえた〈富国強兵〉の時代、当時の日本の国家指導者たちを強くとらえたのは、〈主権線〉と〈利益線〉という戦略発想です。〈主権線〉とは国境線のことで、この〈主権線〉を守るために、外側に〈利益線〉を引き（勢力圏を設定し）、そこを守らないと危ないという考え方です。近代日本が設定した最初の〈利益線〉こそが朝鮮半島だったのです。

この考え方を主張した典型的な人物は山県有朋でしたが、決して山県だけの特異な考え方ではなく、当時の国家指導者たちが多かれ少なかれ描いた考え方でもありました。一八九〇（明治二三）年三月に山県有朋（内閣総理大臣）は、「外交政略論」と題して次のように述べています。

> 方今《ほうこん》列国の際《さい》に立て国家の独立を維持せんとせは独り主権線を守禦《しゅぎょ》するを以て足れりとせす　必や進て利益線を防護し常に形勝の位置に立たさる可《べか》らす　利益線を防護

するの道如何《いかん》　各国の為す所苟《いやしく》も我に不利なる者あるときは我れ責任を帯ひて之を排除し已《や》むを得さるときは強力を用ゐ《い》て我か意志を達するに在り　蓋《けだし》利益線を防護すること能《あた》はさるの国は其主権線を退守せんとするも亦《また》他国の援助に倚《よ》り纔《わず》かに侵害を免《まぬか》るゝ者にして仍《よって》完全なる独立の邦国たることを望む可《べ》からさるなり（中略）

――我邦《くに》利益線の焦点は実に朝鮮に在り　西伯利《しべりあ》鉄道は已《すで》に中央亜細亜《あじあ》に進み其数年を出すして竣功するに豈《あに》我か利益線に向き最も急劇なる刺衝《ししょう》を感する者に非《あ》らすや

（出典／『山県有朋意見書』一九九～二〇〇頁）

ロシアの南下に備えるため、日本は朝鮮半島に先手を打って出ていき、影響力を強めようという考え方の根拠となったのは、ここでも主としてイギリスからもたらされた〈ロシア脅威論〉でした。実際、一八八〇年代から日本は朝鮮半島への影響力を強め、清国と衝突しました。このあたりからイギリスは国際的にはかなり日本にてこ入れする姿勢をとるようになります。朝鮮半島からの清国の影響力排除（さらにはロシアとの対決）をめざして、日本はおよそ一〇年間にわたって戦争の準備を進めました。

朝鮮における東学農民戦争の勃発を機に、一八九四年五月三一日、朝鮮政府はその鎮圧のために軍隊派遣を清国に要請しました。六月九日、清国軍は漢城（現ソウル）の近郊・牙山《アサン》に到着・駐屯しますが、日本政府は朝鮮政府が清国に派兵を要請したという情報を得るやいなや、六月二日には閣議で混成一個旅団の朝鮮派兵を決定し、七日には出兵する旨を清国にも伝えます。六月一二日には、独立混成旅団の先遣部隊が仁川《インチョン》に上陸しましたが、日本側はすでに五日のうちに戦時における日本軍の最高司令部である大本営を参謀本部内に設置し、戦争への準備を進めていました。日清両国が出兵し、緊張が高まるなかで、日本側は、朝鮮政府に清国との宗属関係を絶ち、日本側の要求に応える「内政改革」を実施することを迫りました。そして、清国の朝鮮政府への影響力行使を断ちきるために、一八九四年七月、日本軍が朝鮮の王宮（景福宮《キョンボックン》）に侵入・占領しました。

軍事的に朝鮮国王・朝鮮政府を日本が囲い込んで要求を通そうとしたことから、それを阻止しようとする清国との間に戦争が始まります。清国は大急ぎで朝鮮に輸送船で増援部隊を送ろうとします。これを、東郷平八郎艦長の巡洋艦「浪速《なにわ》」が撃沈するところから、日清間の戦闘が始まります（豊島沖海戦）。

このとき日本側が撃沈した清国の兵員輸送船「高陞号《こうしょう》」は、実はイギリス国籍の船で、清国が借りて、地上兵力を輸送しようとしていました。イギリス国籍（船長はイギリス人）

【日清戦争関連略図】

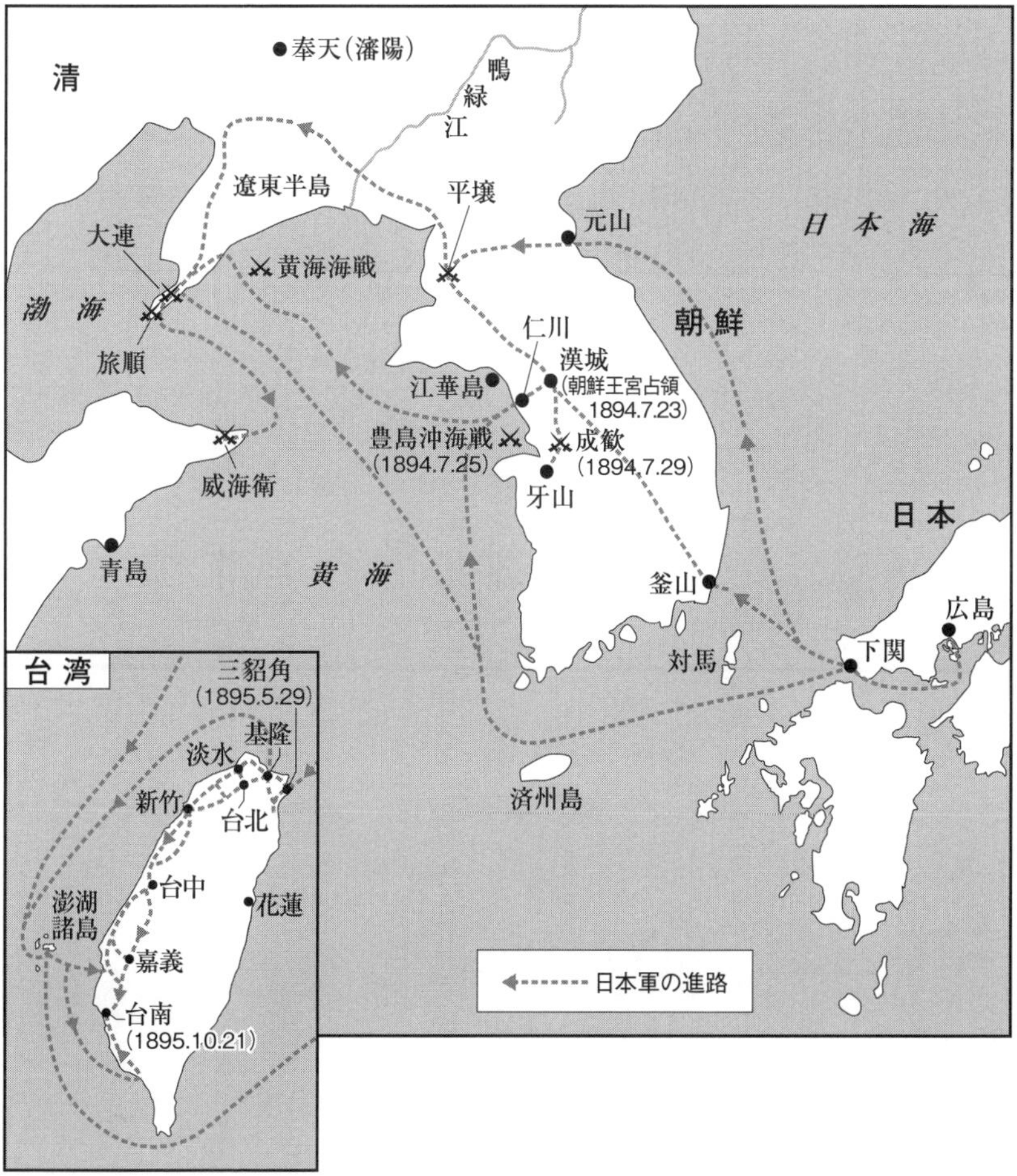

奉天（瀋陽）
清
鴨緑江
遼東半島
平壌
元山
日本海
大連
黄海海戦
渤海
旅順
朝鮮
仁川
漢城
（朝鮮王宮占領
1894.7.23）
江華島
豊島沖海戦
（1894.7.25）
成歓
（1894.7.29）
牙山
威海衛
日本
青島
黄海
釜山
広島
対馬
下関
済州島
台湾
三貂角
（1895.5.29）
基隆
淡水
新竹
台北
台中
花蓮
澎湖諸島
嘉義
台南
（1895.10.21）
日本軍の進路

の船を撃沈してしまったのですから、本来ならイギリスと日本の外交問題となるはずだったのですが、イギリスはこのとき、船長以下のイギリス人乗組員を日本側が救出したので、国際法上は問題ないと、日本側の弁明を受け入れ日本に対して攻撃的になりませんでした。イギリスは日本を支援し、大陸の大勢力＝清国やロシアを抑えるという戦略をとりつつあったのです。

その一方で、日本海軍の艦艇は、「高陞号」撃沈のあと、海上に浮かぶ清国兵には日本の艦艇がガトリング砲などで掃射しました（中塚明・安川寿之輔・醍醐聰『ＮＨＫドラマ「坂の上の雲」の歴史認識を問う』高文研、二〇〇九年）。「高陞号」に乗っていた清国兵の八七一人と船員五六人は、船とともに海没するか、日本軍の射撃で死亡しましたが、二四五人が英・独・仏の軍艦に救助されたそうです（原田敬一『戦争の日本史19・日清戦争』吉川弘文館、二〇〇八年）。

日清戦争の結果、日本は、朝鮮半島から清国の影響力を排除することに〈成功〉するとともに、清国から台湾・澎湖《ほうこ》諸島を割譲させ領有することとなります。日本は、異民族支配をおこなう植民地帝国化するとともに、今度は朝鮮半島と南部「満州」をめぐってロシアと直接に激しく対立するようになり、いっそうの軍拡を必要としました。軍事力の建設という点から見れば、日露戦争の準備は、すでに日清戦争中から始まっていたのです。日清戦争中の一八九四年に一個師団が増設され八個師団（第一～第七師団と近衛師団）となった陸軍は、戦後の一八九八年には、第八～第一二師団の五個師団（歩兵二〇個連隊）を一挙に増設しました。日露戦争開戦時には、日本陸軍は一三個師団となり、一〇年前の日清戦争開戦時のおよそ二倍の陸戦力となっていました。

また、日露戦争において海戦の主役となった日本海軍の戦艦六隻は、すでに日清戦争中の一八九四年に「富士」「八島」の二隻がイギリスにおいて起工されていました。つづいて、一八九七年に「敷島」、九八年に「初瀬」「朝日」の二隻、九九年に「三笠」が同じくイギリスにおいて起工され、これら六隻の戦艦は、一八九七年から一九〇二年にかけて続々と竣工（完成）しました。日清戦争当時の日本の主力軍艦は、世界的に見れば〈主力艦〉といえるレベルの艦は一隻もなかったのですが、一八九〇年代に日本海軍がイギリスの兵器メーカーに発注したこれらの戦艦は、いずれも当時のイギリス海軍の〈主力艦〉としても十分に通用する優秀なものでした。ロシアと軍事的に対抗するためには、日本海軍は、世界水準の〈主力艦〉がどうしても必要だったのです。

海軍は、一八九六年度から一〇年間に、世界水準の戦艦六隻・装甲巡洋艦六隻を基幹と

イギリスのヴィッカース造船所で建造中の戦艦「三笠」

する一〇三隻・一五万三〇〇〇トンの艦艇を建造する建艦計画に着手、それをほぼ達成することにより、日露戦争開戦時には一五二隻・二六万四六〇〇トンの艦艇を保有するに至りました。

日清・日露戦争間の軍拡は、日清戦争前の〈富国強兵〉期の軍拡をはるかに上回る規模で進み、国家予算（一般会計）に占める軍事費の割合も、日清戦争前一〇年間（一八八四～九三年）では平均二七・二％でしたが、日露戦争前一〇年間（一八九四～一九〇三年）では、日清戦争中の臨時軍事費（戦費）を含まなくても、平均三九・〇％に達しました。同時期における軍事費の国民総生産に占める割合も、平均二・二七％から三・九三％へと大幅に上昇したのです（山田朗『軍備拡張の近代史―日本軍の膨張と崩壊―』吉川弘文館、一九九七年）。

日露戦争に至る過程でも、海軍の〈主力艦〉建造に見られるように、日本はイギリスにどんどん後ろから押されていくようになります。もちろんイギリスは、あくまでも自国のアジアでの権益をロシアに奪われないために、「満州」をロシアに独占されないために日本支援をおこなったのです。イギリスの外交戦略は、十九世紀半ばが力の頂点で、次第に武力を背景とした影響力が低下していきます。すると自国がやるよりも、なるべく他国にやらせるという方法をとるようになります。日本を後押ししてロシアと戦わせただけでなく、そのだいぶ後になりますが、日中戦争時にも、中国でのイギリスの権益を守るために、蒋介石政権を全面支援し、日本とたたかわせるという路線をとりました。このように背後にイギリスがいるという点は、当時の国際情勢を見る上で重要なことなのです。

よく欧米人には黄色人種である日本人に対する差別感があったということを強調する議論があります。ただ、利用することと差別感があることは別の問題です。超大国イギリスといえども利用できるものは何でも利用したのです。黄色人種だからと軽蔑してまともに付き合わないということではなく、日本は、使い易い存在として、イギリスに重宝がられるのです。たとえば義和団事件（一九〇〇年）の際にも日本は、「極東の憲兵」として、義和団鎮圧のためにイギリスなど欧米列強のために大いに貢献しました。

3　日露の膨張戦略——利益線＝勢力範囲の拡大をめぐる衝突

日清戦争から日露戦争の時期は、日本が朝鮮半島から「満州」方面に「北進」するのか、あるいは日清戦争で獲得した台湾を足場に中国大陸の方へ「南進」していくのかの大きな分かれ目でした。後者の南進路線は、この時期に新たに出てきた膨張戦略論で、一九〇〇(明治三三)年に義和団事件が起きた頃に一時強まり、同年八月には、台湾総督であった児玉源太郎が主導して台湾の対岸にある福建省厦門《アモイ》に軍隊を送り、既成事実をつくろうとしました。ところがイギリスをはじめ列強から激しい抗議を受け、「南進」は断念を余儀なくされます。南の方に出て行くと、日本を支援してくれているイギリスやアメリカ、そしてロシアを支援しているフランスと衝突する恐れがあるため、日本の国家戦略としてはイギリスの支援が期待できる「北進」路線がよくなっていくわけです。

ただ、「北進」路線とはいっても、日本の国家指導者たちの中では、韓国に対する優越権（政治的・経済的な指導権）をロシアに認めさせ、そのかわりに「満州」に対するロシアの優越権を容認してもよいとする「満韓交換論」＝日露協商論もありました。伊藤博文がその主導者で井上馨はそれを支持していました。しかし、山県有朋・桂太郎らは、ロシアと対決してでも「北進」しようとする戦略を唱えました。山県らは、当初、ドイツ・イギリスとの三国同盟を模索しますが、ドイツとの利害調整を望まないイギリスの拒否にあい、イギリスのみとの同盟を求めるようになります。

日本は、一九〇二年一月に日英同盟を締結し、はっきりとロシアとの対決による「北進」路線を選択します。それまでは、日本政府のなかでもロシアと正面から対決するのか、適当なところで取引をして妥協するのか、やや躊躇《ちゅうちょ》がありました。日英同盟を結んだことは、明らかにイギリスの支援を得ながら「北進」することを選んだことを意味します。前述したようにイギリスは当時、バルカン、アフガニスタン、そして極東の分割を巡ってロシアと激しく対立しており、一方で、イギリス自身は、南アフリカの獲得を巡って激しくボーア戦争をたたかい、消耗していました。そのためイギリスが直接極東に大量の軍隊を送ることは難しく、そのためなおさら日本を使うという路線に傾斜していったのです。

日露戦争の原因は、日本とロシア両方にありました。ロシアは膨張主義的な戦略をとっていましたし、日本も「北進」路線をとっていました。とくに日本は、朝鮮半島を日本の〈利益線〉――すぐに領土化するわけではないが、〈主権線〉を防衛するために影響力を強めていく地域――とし、ロシアとの衝突地点をなるべく北方にもっていくという路線をとりました。そして日本は朝鮮への優越権を固めるために日清戦争までおこなって清国の影響力を朝鮮半島から排除したにもかかわらず、清国というクッションがなくなってしまったために今度は朝鮮にロシアの勢力が入ってきてしまいました。ロシアは朝鮮王朝・政府に働きかけ、親露派が朝鮮のなかに形成されました。日本は、日清戦争で朝鮮半島を確保できたかに見えたのですが、逆に不安定な状態になってしまったのです。それがまた日本の焦りの元になります。

ロシアはロシアで、「満州」への優越権を確保するために朝鮮に影響力を行使します。つまり日本とちょうど逆の方向のことを考えていたわけです。日本は朝鮮を確保するために「満州」に影響力を強めていこうと考え、ロシアは「満州」を確保するために朝鮮に影響力を強めていきました。

しかし、日本は単独ではロシアと戦えませんので、日英同盟を結び、ロシアと対立・対決する路線をとりました。

日本海軍は総兵力ではロシアに劣っていました。そもそも当時の日本では、戦艦、装甲巡洋艦など、当時の主力艦を、自前（国内）でつくれないという大きな問題点がありました。これをイギリスから全面的に支援を受けることで解決するのです。またロシア艦隊は、トータルでは日本よりも圧倒的に大きかったのですが、バルト海のバルチック艦隊、黒海艦隊、そして太平洋艦隊（旅順とウラジオストクに分かれていた）の三つの艦隊に分散しているので、日本海軍は、それぞれを各個に撃破するという考え方でのぞみました。

日本陸軍も、総兵力ではロシアより圧倒的に少ない。兵器や弾薬の生産力でも劣ります。そもそも財政規模がロシアとは違います。財政的にも、総兵力においても、日本はロシアとの大戦争を一国で対処するということはきわめて困難でした。だから、なるべく短期間に戦争を終わらせなければならなかった。日本側の主観的な意図、目標としては、速戦即決を図り、生産力や財政の弱点はイギリスの支援で何とか補おうと考えたのです。

またロシアは陸軍の総兵力では日本よりはるかに大きいが、輸送をシベリア鉄道一本に頼っているので、大兵力を一度に送ることはできません。「満州」においてロシア軍が南下してくれれば、そこで大きな打撃を与えて、さらに増援部隊が送られてくればそこでたたいていくという形で、なるべく「満州」にいる日本陸軍とロシア陸軍の兵力の格差を開かないようにするのが、日本側の基本的な考え方でした。そのためには、ロシア側の準備が不十分のうちに、日本側が先手をとって開戦し、既存のロシアの極東兵力に大打撃をあたえることが必要でした。

ところがこの考え方は、結果としてはうまくはいきませんでした。ロシアの陸軍力に兵力を大幅に減らすような大きな打撃を与えることはできませんでした。日本軍は、土地は占領するが、ロシア軍の主力に大打撃を与えるということができず、ロシア軍は後退しながら増援部隊を得て、どんどん大きくなっていきました。これ以上ロシア軍が大きくなると、日本陸軍が全兵力を投入しても全く太刀打ちできなくなるというところで、ロシア国内で革命運動が広がり戦争が継続できなくなったために、戦争が終わったのです。純粋に軍事的にいえば、極東のロシア軍は日本軍を圧倒できるだけの戦力を蓄積しつつありました。

また、フランスがイギリスに取り込まれ（英仏協商の成立）、ロシアを財政的にささえていたフランスの金融資本とのパイプが十分に機能しなくなってしまいます。イギリスは、そういう形でも外交力を発揮し、日本を支援していたのです。

Ⅱ 日露戦争の世界史的意味

1　日英同盟の役割——日露戦争遂行の大前提

※外国からの借金で戦費を調達

この章では、日露戦争の全体像について、その世界史的意味という観点から述べてみます。日露戦争では、たとえば二〇三高地や日本海海戦という局地的な戦いも重要ではあるのですが、まず大きな国際的な力学をおさえておかないと日露戦争はわからないからです。

まず、これまでも強調したように日英同盟が、日本がこの戦争を遂行できた最大の前提でした。国家が戦争を遂行するには、ヒト（兵力・労働力）・モノ（資源・武器・弾薬）・カネの三要素を調達しなければなりませんし、もうひとつ、情報を握らなければいけません。

これらの要素のうち、戦争にはまずなんといってもカネが必要です。戦争はいくら軍人が勇敢であったとしても、戦費が調達できないと、武器・弾薬を調達することもできません。戦争中で、いくら国が外国と戦争をやっているからといっても、兵器メーカーに代金を支払わないで武器・弾薬を調達するということはできないからです。しかも、当時の日本は、自国内では生産できない武器があり、また、日本国内で生産できるものであっても、武器・弾薬を外国からかなり買わなければなりませんでした。

大規模な戦争をおこなう場合、あらかじめ設定されている一般会計の予算措置では、戦費が不足することは明らかですから、一般会計の追加予算を組んだり、臨時軍事費特別会計を設定したりします。戦争に使う主として武器・弾薬・物資調達・輸送などの費用（戦費）は、このうち臨時軍事費から支出されるのですが、臨時軍事費は戦時国債を政府が発行し、企業や国民がこれを購入するか、外国人が購入することで、実際に使える資金となります。外国で日本の国債を発売する場合、これを外債といって、国内で発行する内債と区別します。

日露戦争の戦費の調達は、日本国内での増税と国債（内債）発行だけでは、どうにもなりませんでした。日露戦争の戦費（当時の国家予算の六倍にあたる一八億円）の四割にあたる約八億円は外国に日本の外債を購入してもらって確保したもので、外国からの借金とい

表1：日露戦争時の外債（£＝ポンド、s＝シリング）

	第1回	第2回	第3回	第4回	整理外債	合　計
発行時期	1904年5月	1904年11月	1905年3月	1905年7月	1905年11月	
発行総額	£1,000万	£1,200万	£3,000万	£3,000万	£2,500万	£1億700万
邦貨換算額	9,763万円	1億1,716万円	2億9,289万円	2億9,289万円	2億4,408万円	10億4,468万円
実収額	8,683万円	1億0,046万円	2億5,116万円	2億5,114万円	2億1,226万円	9億185万円
利子歩合	6.00%	6.00%	4.50%	4.50%	4.00%	
発行価格	£93.10s.	£90.10s.	£90.00s.	£90.00s.	£90.00s.	
手数料	£3.10s.	£3.15s.	£3.05s.	£3.05s.	£2.00s.	
政府手取	£90.00s.	£86.15s.	£86.15s.	£86.10s.	£88.00s.	
担保	関税収入	関税収入	煙草専売益金	煙草専売益金	なし	
償還期限	7カ年	7カ年	20カ年	20カ年	25カ年	
発行地	ロンドン ニューヨーク	ロンドン ニューヨーク	ロンドン ニューヨーク	ロンドン ニューヨーク ベルリン	ロンドン ニューヨーク ベルリン パリ	

出典：大蔵省『明治大正財政史』第1巻／『金融六十年史』

えるものでした【表1】。この外国からの借金に成功しなかったら、日露戦争はできなかったのです。そのお金を貸してくれたのがイギリスとアメリカです。最初にイギリスの諸銀行が日本の外債をひきうけ（イギリス国民がその国債を購入した）、日本は戦費を調達することができました。次にアメリカの一企業、クーン・レーブ商会というロスチャイルド系のユダヤ金融資本が中心になって日本の国債を五〇〇万ポンド（五〇〇〇万円）という単位で何度も買い、日本は戦争をすることができました。

クーン・レーブ商会は、当時のアメリカでは、モルガン商会と並ぶ大金融資本ですが、なぜ、これほど日本の国債を購入したのか。一般的に、ユダヤ資本がロシアの反ユダヤ政策に反発したから、といった説明がされることが多いのですが、実際にはアメリカの国家戦略ともかかわる別の理由がありました。それは、クーン・レーブ商会が、日露戦争後の「満州」での鉄道開発をめざすアメリカの鉄道王ハリマンに対する最大の出資者であったからです（広瀬隆『世界石油戦争』下、日本放送出版協会、二〇〇八年）。クーン・レーブ商会は、戦後の「満州」開発事業の拡大を目論んで、「満州」をロシアに独占されないために、日本を支援することで先行投資をおこなっていたのです。

しかし、クーン・レーブ商会の意図はともあれ、日本側にとっては、この会社が日本国債を大量に購入してくれたことは、戦争遂行を大いに助けたことは間違いないわけで、日露戦後の一九〇六年三月、明治天皇はクーン・レーブ商会代表のジェイコブ・ヘンリー・シフに最高勲章である旭日大綬章を授与しています。

これらの借金（外債の募集）をおこなったのが『坂の上の雲』にも出てくる高橋是清で、高橋はイギリスに行き、アメリカに行き、必要な戦費と戦争後の復興に必要な費用を調達してきました。日本はこのお金で大急ぎでイギリスやドイツの兵器メーカーから武器・弾薬を購入し、日本本国に送り、これが到着するとやっと「満州」で日本軍は一作戦できるという薄氷を踏むような戦いだったのです。この日露戦争の功労者である高橋是清が、のちに二・二六事件で陸軍の青年将校によって殺されたのは何とも皮肉なことです。一九三〇年代の青年将校たちにとっては、自分たちの「栄光」の基礎をつくった日露戦争において、高橋是清がどのような役割を果たしたのか、もはや忘れ去られていたのでしょう。

この時に日本が英・米にした借金は、その後どうなったのでしょう。日露戦争では日本は賠償金を得ることができませんでしたので、借金は借金のまま残りました。日本政府は、この外債の償還（元利の支払い）のためにさらに外債を発行せざるをえず、一九二〇年代初頭には日本の外債発行残高は一六億円くらいに増加してしまいました。その後、一二億円ほどに減るのですが、なんと日本はその借金をかかえたまま、借金をした相手である英・米との戦争に突入してしまうのです（借金は戦後になって返済しました）。

※海底ケーブル網の完成と情報の提供

イギリスの日本に対する支援で重要だったのが情報の提供です。イギリスは、ロシア軍がいまどういう状況であるのかという軍事情報をさまざまな形で日本に提供しました。イギリスは一九〇二年、日英同盟を結んだ年に、世界の植民地や主要国との間の海底ケーブル網を完成させています。イギリスは、この事業を実に五〇年かけて完成させました（石原藤夫『国際通信の日本史』栄光出版社、二〇〇八年）。その結果、ロンドンと世界中の主要都市がほぼ瞬時につながったのです。当時の海底ケーブルは、電話ではなく、モールス信号による有線電信です。

しかし、当時としては画期的で、世界が海底ケーブルによって全部つながり、情報がほぼ瞬時に世界中どこでも届くようになりました。世界のニュースはいったんロンドンに集まり、そこからイギリス政府・新聞社・通信社の手によって、世界に流されるという構造ができあがったということです。そこでイギリス政府やマスコミによる情報の加工、情報の操作がおこなわれました。イギリスとアメリカのマスコミは、あきらかに日本政府・日本軍にとって有利な情報を世界に流しました。極東で日本が戦果を上げると、ほぼ一日遅れくらいで新聞記事になるのです。

日本が勝ったという情報が流れると日本の外債がよく売れました。たとえば一九〇四年五月の最初のロンドンでの外債発行のときには、鴨緑江渡河《おうりょっこうとか》作戦という陸軍が最初にロシアとおこなった本格的な戦い（黒木為楨《ためもと》大将が率いる第一軍が鴨緑江を渡河してロシア軍の防衛線を突破した戦い）があり、日本側は「満州」進出に成功するのですが、それが海底ケーブルを使って瞬時に伝えられてニュースになり、国債を買おうと思っていた人たちの間で、

鴨緑江を渡る日本軍（第１軍）

日本が優勢に戦争をすすめているのだから外債を買ってもいいのではないかという気分が広がりました。日本の国債は、日本が戦争に負ければ、紙くずになってしまう恐れがあり、買い手は躊躇《ちゅうちょ》します。巧みに日本に有利な情報のみが市場に流され、国債が大いに売れることになりました。第一回の外債募集は、一〇〇〇万ポンド（一億円）がたちまちのうちに完売しました。

このような形で、情報と戦争遂行が密接に結びつき始めたのは、この日露戦争からだと言えます。十年前の日清戦争のときは、ヨーロッパの新聞では、一週間や十日遅れで、ニュースが流れるのみだったのが、日露戦争ではリアルタイムで情報が流れるようになった、この点は重要なことだと思います。

またバルチック艦隊をイギリスの軍艦が追跡し、港、港で海底ケーブルを利用して、いまバルチック艦隊はここまで来ているという情報を伝えました。イギリス軍艦が直接、日本に伝えなくても、イギリス本国に伝われば、すぐに新聞記事になり、世界中に伝わってしまいます。たとえば、一九〇五年二月一〇日付のイギリス新聞『ノースチャイナ・ヘラルド』は、次のように報じています。

海底ケーブルが世界中に敷設されたことより、不都合な事態、ロシア艦隊にとっては好ましくない事態が生まれた。……艦隊が行方をくらますのは今や不可能で、世界中に新聞社や電報通信社の通信員が散らばり、ロシアの旗を目にしたら、たちどころに日本人に知らせようと待ち構えている。（出典／内川芳美・宮地正人監修『外国新聞に見る日本』第三巻〈毎日コミュニケーションズ、一九九二年〉所収）

イギリス・アメリカの新聞によって、バルチック艦隊の位置、艦隊の戦力（軍艦の数と装備）などは常に正確に世界中に伝えられました。

それから、これはまだその真偽がすべてが明らかになってはいませんが、ヨーロッパでいろいろな情報工作、情報収集をやっていた明石元二郎《あかしもとじろう》らの日本軍人は、イギリスといっしょになって攪乱工作をやっていたと思われます。バルチック艦隊は、極東への出港直後、イギリス沖でドッガーバンク事件という、イギリスの漁船を日本の水雷艇と間違えて砲撃する事件をおこします。イギリスに日本の水雷艇が行っているわけがないのに、疑心暗鬼でイギリスの漁船を砲撃する背景には、日本とイギリス側がロシアに対して明らかに偽情報を流していたのではないかと考えられます。この事件を、一九〇四年一〇月二四日付のイギリスの新聞『タイムズ』はこのように論評しています。

この事実〔ドッガーバンク事件〕に関して現在知り得たことから唯一想定できるのは、ロシア人自身が不名誉なパニックの犠牲者だったということだ。本紙コペンハーゲン通信員の電報によれば、彼らはデンマーク海峡を通過するとき異常なまでに神経質になっていたことが分かる。バルチック艦隊をバルト海から出る前に粉々に吹き飛ばすために、日本のスパイが工作しているというあらゆる種類のまゆつばものの記事が、しばらく前から大陸の一部の新聞をにぎわせていた。〔バルチック艦隊の〕士官と乗組員は、こうしたうわさのために神経が参っていたようだ。（出典／同前）

バルチック艦隊は、この事件で、当時のヨーロッパの新聞から「狂犬艦隊」などとさんざんな言い方で批判されていくようになったのです。「うわさ」の発信源は今となっては確認しようがありませんが、偶発的なことにしてはできすぎていると思います。

※兵器や銃砲弾の調達

情報の面だけではなくて、物資の面でもイギリスの支援は大きなものがありました。日本海軍の艦艇で当時の〈主力艦〉（戦艦や装甲巡洋艦という大型艦艇、合計約二〇万トン）のうち七〇％、戦艦六隻すべてがイギリス製でした。現在でも戦艦「三笠」が横須賀に保存されていますが、これもイギリスのヴィッカース社製です。装甲巡洋艦八隻のうち四隻がやはりイギリス製で、最新鋭のものでした。日清戦争のころに日本がもっていた軍艦は世界的に見ると見劣りのするものだったのですが、日露戦争のころには、イギリスが全面的にてこ入れしたために、世界で一番水準の高い軍艦を保有していたのです。

一方、ロシアは、自国で戦艦・装甲巡洋艦を建造できたのですが、ロシアの軍艦はフランスの影響を受けたために、地中海とかフランス近海で戦うという考え方にもとづいた内海向きの設計思想で、外洋（荒海）での海戦に向かないスタイル（低舷型）だったのです。日本海海戦のような「天気晴朗《せいろう》なれども波高し」のときには副砲（艦体の側面に設置された一五センチ前後の大砲）の砲室のなかに海水が入り、日本側の外洋型イギリス戦艦（高舷型）に対し不利を強いられたのです。

また、日本陸軍が戦時中に発注した銃砲弾の約半分はイギリスのアームストロング社やドイツのクルップ社などに発注されたものでした。ドイツは、敵国であるフランスと対峙するにはロシアと提携するのが有利か、イギリスと提携するのが有利かで、国家指導層内で、戦略がぶれていましたが、局面に応じて日本を支援しました。逆に、バルチック艦隊が極東に向かう時に、随伴して軍艦の燃料であった石炭を供給したのはドイツの給炭船です。バルチック艦隊の極東までの航路にはロシア領がなく石炭の補給は地上（港）からはできませんでした。ロシアの同盟国であるフランス領の港に立ち寄って上陸しようとすると、イギリスが「フランスは中立に反している」と抗議をするため、フランスは公然とは支援できなかったためです。この海上での給炭は大変な作業で、水兵が数珠つなぎになって袋を背負い、一人一人がタラップを昇り降りして給炭船から石炭を運びます。それを何度もやらなければなりませんでした。日本に近づいた上海沖で最後の補給作業があったので、水兵たちはかなりの疲労困憊状態で日本海海戦にのぞむことになったのでした。

しかし、このようなイギリスによる日本への支援も、あくまでもロシアを「満州」に進出させないためのものです。イギリスにとっては、日本が大勝して「満州」を独占してしまうことになるのも困ります。そのためイギリスは、日本海海戦直後にロシアに接近し始め、これ以上続けると元も子もなくなるから、もう戦争をやめた方がいい――つまりロシアがある程度「満州」で力をもっている時期に、講和した方がいいと説得をします。これは、イギリスにとっても日本の「勝ちすぎ」がよくないことだからです。そこが帝国主義時代の大国のドライなところ、自国の権益を最優先するところです。

日露戦争末期から始まったイギリスのロシアへの接近は、日露戦争後の一九〇七（明治四〇）年には、両国が英露協商を締結するまでに進展します。すでにイギリスは一九〇四年に英仏協商を結んでいましたし、ロシアとフランスはそれ以前から露仏同盟を結んでいましたので、英露協商の締結により、イギリス・フランス・ロシアは三国協商体制を完成させ、ドイツ・オーストリア・イタリアの三国同盟陣営と対決していくことになるのです。

イギリスがややロシア寄りにスタンスを変えると、日本は戦費を調達することが難しくなります。無理やり戦争を続けても、有力な支援が受けられないということになり、形勢そのものも逆転されてしまうかもしれません。すでに財政的にも、戦力的にも限界に達していた日本としては戦争をやめるという決断しかできなくなるわけです。

2　日露戦争が世界政治に与えた影響

アメリカが日露戦争の講和の斡旋をしましたが、アメリカの意図もイギリスとほとんど同じでした。ロシアが「満州」に全面的に進出することを防ぐと同時に、日本の「勝ちすぎ」も防止したいということです。だから日本海海戦後に、アメリカは積極的に講和の斡旋をします。アメリカ側は、日本が決定的でない形で戦争に勝ち、ロシアもある程度北部「満州」に勢力をもっているという「満州」を巡る勢力均衡状態の間に入って、「満州」進出をすすめる戦略だったのです。

ところが、日露戦争後、日本とロシアは日露協約を結んで手を結び、南部「満州」は日本、北部「満州」はロシアというように「満州」を分割してしまい、アメリカは入れなくなってしまいました。ここから日本とアメリカとの関係は悪くなっていくのです。日本の国債を大量に購入して日本を支援してくれたクーン・レーブ商会の出資を受けている鉄道王ハリマンは、日露戦争直後に日本にやってきて桂太郎首相と、ロシアから譲渡される鉄道の共同経営をおこなうことで一度は合意しますが、その後、日本側はポーツマス講和会議から帰国した小村寿太郎外相らの強い反対でこの約束を撤回してしまいました。

日露戦争のときに、日本とアメリカは良好な関係だったのが、どんどん関係が悪くなっていくのは、日本がロシアと裏で手を結んでアメリカが「満州」に入ってくることをブロックしてしまったからなのです。そのころになると、イギリスもロシアと協約を結んでいて（英露協約）、アメリカが「満州」に入ってくるのを阻止します。イギリスがロシアと結んだことで、日本はこれ以上、ロシアを敵とする戦略はとりにくくなりました。こうしてアメリカは、対日感情をいっそう悪化させ、日米関係がどんどん悪化していきました。

世界的に見ると、ロシアにおける革命運動の勃発が、ロシアが戦争を継続できなくなった最大の要因です。しかし、もともとロシアが日露戦争に踏み切った一つの要因には露仏同盟があり、場合によってはフランスが支援してくれることをロシアは期待していました。ところが、そこにくさびを打ったのがイギリスでした。日露戦争中、イギリスは、世界におけるフランスとの間の勢力圏の調整を急速に進め、英仏協商の締結を成功させます。これによって、大きく見れば、フランスがイギリスに取り込まれたともいえます。フランスが露仏同盟があるにもかかわらず、全面的にロシアを支援することができなくなったことが、日本が日露戦争を続けられた要因でした。もしフランスが本格的にロシアを支援することが可能であったならば、日本側はかなり苦戦したはずです。結局、フランスとロシアとの同盟関係は、イギリスがそこにくさびを入れたことで、有名無実化してしまうのです。

こうして世界的な対立の枠組みを、イギリスが次第次第に自国有利に掘り崩していったために、そこでうまく日本は立ち回ることができたのです。戦争が終わったあとに、その構造変化がはっきりと現れてきます。つまり、日露戦争中にイギリスはフランスを取り込みました。そして日露戦争が終わろうとする段階でロシアに接近し、その後、ロシアも取り込みました。イギリス・フランス・ロシアが一つのブロックになってドイツ・オーストリアと対決するという構図――第一次世界大戦の構図――ができ上がります。第一次世界大戦は、日露戦争中からその直後にかけて、その対立構図ができ上がり、そのわずか十年後、一九一四年に開戦の火の手があがることになるのです。

つまり、日露戦争は世界史的に見れば、ヨーロッパにおける第一次世界大戦の構図を作るとともに、アジア・太平洋における日米対立の構図をあわせて生み出した戦争であるといえるのです。

3　日露戦争がアジアに与えた影響

日露戦争における日本の勝利がアジアの民衆運動にきわめて大きな衝撃を与えたことは確かです。たとえば、一九〇五（明治三八）年五月、日本海海戦で日本海軍が勝利した直後、マルセイユを発って船で日本に向かっていた孫文は、スエズ運河航行中にアラブの人々から「貴方は日本の人であるか」と尋ねられたということを題材にして、のちに日本の勝利が「アジアの民衆がヨーロッパよりも発達しうると云う信念を全アジアの各民族に伝えた」と回想しています（孫文「大亜細亜主義」『神戸又新日報』一九二四年一一月二九日〜一二月一日）。

また、日露戦争当時まだ十代の少年であったインドのネルーは、「日本の戦捷は私の熱狂を沸き立たせ、新しいニュースを見るため毎日、新聞を待ち焦がれた。〔中略〕私の頭はナショナリスチックの意識で一杯になった。インドをヨーロッパへの隷属から、アジアをヨーロッパへの隷属から救い出すことに思いを馳せた」と語っています（ジャワハルラル・ネール・磯野勇三訳『ネール自伝』上、平凡社、一九五五年）。ネルーと同じように、毛沢東やホーチミンなども少年の頃にロシアに対する日本の勝利を聞き、精神的になんらかの感慨と勇気を得たとしています。

日本の勝利は、アラブ世界にも影響を与え、イランにおいても立憲革命の運動を鼓舞し、エジプトにおいてもイギリスに対する抵抗運動を高揚させたといいます（歴史学研究会編『アジア現代史』第一巻、青木書店、一九七九年）。また、ロシアに圧迫されていたトルコやフィンランドなどの諸国でも、日本の勝利は、反ロシア・反ヨーロッパの国民感情を高揚させずにはおきませんでした。日露戦後、これら諸国では一種の日本ブームがおき、たとえば「東洋のネルソン」として国際的にも一躍有名となった海軍大将・東郷平八郎の名を冠した「トーゴー通り」（トルコ・イスタンブール）、「トーゴービール」（フィンランド「二四提督ビール」のひとつ）などが現われたほどです（拙稿「東郷平八郎の虚像と実像」『歴史評論』第四六九号、一九八九年五月号）。

このように日露戦争において日本がロシアに勝利したことによって、アジア諸地域の民衆運動が精神的に鼓舞されたことは確かなことです。ロシアの敗戦は、白人勢力の有色人種勢力への敗北として、ヨーロッパ帝国主義勢力のさらなる膨脹をアジア新興勢力が阻止した事例として、各国・各勢力においてみずからを鼓舞激励する材料としてとりあげられたのです。

さらに日本軍の勝利は、植民地独立運動や抵抗運動だけでなく、清朝内の立憲改革派をも勇気づけ、日本と同様の立憲君主制の導入による近代化によって外患に対処できるだけでなく、内乱を終息できると期待されるにいたったのです（前掲『アジア現代史』第一巻）。つまり、日露戦争における日本の勝利という結果に、支配者・被支配者の双方が、自分たちにとって何らかの有利な要因を見いだし、みずからの精神的な支えをそこに求めたといえます。しかしながらこれは、当時の日本政府にとっては意図的にめざしたところではなく、あくまでも結果的にそうなったということです。

アジアの民衆や清朝内の改革も、日露戦争における日本の勝利という一面は見ていましたが、決して日露戦争の本質を見据えていたわけではありませんでした。日本に対するイギリスの全面的支援や、外国から借金しながら銃砲弾を調達しそれが到着しないと作戦ができないといった日本側の綱渡りのような危うい戦争の内実、さらには戦争と並行しておこなわれた朝鮮半島への日本の支配強化などについては、アジア諸国にはほとんどといってよいほど報道されなかったので、日本の勝利の真相とアジアに対する日本の膨脹主義的な政策的意図は隠されたままでした。

アジアの中でも、日本が白人を打倒する「希望の星」などと決して考えなかった人たちも存在しました。日本の支配の強化を目の当たりにしつつあった韓国の人々です（当時、李朝朝鮮は国号を「大韓帝国」としていましたので、ここでは「韓国」と呼称することにします）。

日本政府は、日露戦争中の一九〇四年八月に韓国政府と第一次日韓協約を結んで、日本人財政顧問を韓国政府に送り込み、戦後の一九〇五年一一月、第二次日韓協約によって韓国の外交権を剥奪して〈保護国〉としたのです。日本は、多くのアジアの人々には白人支配の前に立ちはだかる存在と映っていましたが、韓国の人々には、白人支配を手本とする抑圧者に他なりませんでした。

この当時の韓国の義兵闘争の指導者や都市の「愛国文化啓蒙運動」の推進者たちは、決して日本が白人支配の対極にあるものではなく、その抑圧者としての本質をさかんに訴えたのですが、情報そのものが帝国主義側（欧米の通信社）に握られていた当時、朝鮮民衆の怒りの声はほとんどアジアの他の地域に伝わらなかったのです。

この情報の流通と途絶という問題は、日露戦争を考える際にきわめて重要なことです。

日露戦争下、日本軍の軍事行動を妨害した韓国の人々を銃殺する日本軍(韓国北部)

つまり、日露戦争における日本の優勢・勝利という情報はアジアだけでなく世界中に流されました。これは、日本があくまでも日英同盟を結んでイギリス陣営の一員として戦争をおこなったため欧米の通信社は多くの情報を流通させ、とりわけイギリス系の通信社・新聞は、反ロシア情報(結果的に日本に好意的な情報)を大量に発信しました。先ほどかかげたネルーらを熱狂させたニュースもそういった情報のひとつだったのです。

それに反して、韓国における日本の支配強化、反日勢力に対する武力弾圧については、外交関係を封鎖されていた韓国からは情報がアジア諸国にほとんど発信されなかったといってよいと思います。

日露戦争によって日本がヨーロッパ勢力であるロシアに勝利したことによって、アジアの反植民地運動・抵抗運動に精神的な高揚効果をもたらしたことは確かです。それは二〇世紀におけるナショナリズムの高揚、植民地主義の後退の端緒となったといってもよいものです。しかし、それは日本側が意図したりめざしたりしたものではなく、むしろ日本側が予想した以外のところで、結果的に日本を「希望の星」とみなす論調や空気が広がったのです。また、アジアの民衆を熱狂させたその情報も欧米のメディアによって流された反ロシア情報がもとになっていたのであり、それがイギリス側の意図をこえた反欧米・反植民地主義のうねりになっていったのは、ロシアに限らず欧米列強によるアジア諸民族抑圧が過酷なものであったからにほかなりません。

日露戦争を歴史的事件として評価する場合に重要なことは、歴史的な事件の影響は当事者（日英・ロシア）の意図とは切り離されて波及すること、アジアの諸民族を精神的に支えたとはいっても、それはあくまでも結果的にそうなったものであり、勢力圏の拡大をめざした帝国主義戦争としての日露戦争の本質とは無関係であるということです。

4　日露戦争と〈韓国併合〉〈大陸経営〉

日露戦争は、日本にとって何のための戦争だったのでしょうか。それは、日露講和会議（ポーツマス会議）において、日本側が何を最大の獲得目標にしたのかを確認すればわかることです。

一九〇五（明治三八）年六月三〇日、日本政府は閣議において「日露講和談判全権委員に対する訓令案」（講和条件案）を決定しました。ここでは、まず「甲、絶対的必要条件」、すなわち最も重要な獲得目標として、次のようにされました。

一、韓国を全然我自由処分に委《い》することを露国に約諾せしむること。

二、一定の期限内に露国軍隊を満州より撤退せしむること之と同時に我方に於ても満州より撤兵すること。

三、遼東半島租借権及哈爾浜《ハルビン》旅順間鉄道を我方に譲与せしむること。
右は戦争の目的を達し帝国の地位を永遠に保障する為め緊要欠くべからざるものなるに付貴官は飽迄之《あくまでこれ》が貫徹を期せらるべし。

つまり、日本側が戦争目的に照らしても絶対に譲れないとしたことは、①朝鮮に対する日本の処分権（支配権）をロシアが承認すること、②「満州」からのロシア軍の撤退（日本軍も撤退）、③清国からロシアが得た遼東半島租借権とロシアが建設した鉄道の譲渡という三点です。いずれも日本が、帝国主義的な権益を確保・拡大するための要求です。日本側からすれば「自衛戦争」を建前とした日露戦争ではあったのですが、この最優先項目を見ても、韓国の支配と南部「満州」を日本の勢力範囲として確保するための戦争であったことがわかります。

日本政府は、さらにこれらの「絶対的必要条件」を満たした上で、「乙、比較的必要条件」として交渉の中で、④賠償金の支払い、⑤中立国に入ったロシア艦艇の引き渡し、⑥樺太（サハリン）の割譲、⑦沿海州沿岸の漁業権が獲得できればよし、としていました。そして、交渉の際の駆引手段として使ってもよいものとして、⑧極東ロシア海軍の制限、

⑨ウラジオストク軍港（要塞）の防備撤廃、これらは相手の出方次第で切り出す材料として設定されました。

ポーツマス講和会議において、ロシア側はこれらの日本の①〜③の最優先項目をいずれも容認していますので、日本側は戦争目的を基本的に達成したといえますが、韓国に対する日本の処分権（支配権）をロシアに容認させたことで、日本の韓国支配は一段と強化されることになりました。

ここで、すこし時間を遡《さかのぼ》って、日清戦争後からの日本の朝鮮半島への影響力強化の流れを確認し、その上で日露戦争後の韓国の〈保護国〉化、〈強制併合〉への道を見ておきましょう。

日清講和条約の調印後、ロシア・フランス・ドイツの三国は、条約で日本への割譲が取り決められた遼東半島を清国に返還するようにせまり（「三国干渉」）、日本はその要求に応ぜざるをえませんでした。日本が列強の圧力によって後退した機会をとらえ、朝鮮の李朝政権の実権を握ってきた閔《ミン》氏一族は、ロシアと結んで巻き返しを図り、一八九五年七月、日本の影響下にあった開化派勢力を追放して政権を奪回しました。その後、日本政府は、復活した明成皇后《ミョンソンファンフ》（閔妃《ミンビ》）を中心とする閔氏政権が反日・親ロシア政策をとることを恐れ、また、より直接的には朝鮮国内に日本が敷設した電信線を確保することを目的として、常軌を逸した強硬手段にうったえることになります（金文子『朝鮮王妃殺害と日本人』高文研、二〇〇九年）。それが明成皇后（閔妃）殺害事件です。

一八九五年一〇月八日、日本公使・三浦梧楼陸軍中将に命じられた漢城（現在のソウル）駐在の日本軍守備隊・領事館警察、居留日本人の壮士たち、日本人教官に訓練されていた朝鮮政府軍の訓練隊は、朝鮮国王（高宗《コジョン》）に要請されたと称して朝鮮王宮（景福宮《キョンボックン》）の門を固め、そのうち約三〇名が王宮に侵入しました。その際、進入した日本軍人らは皇后を斬殺し、遺体を焼いてしまいました。三浦公使らは、皇后に敵対していた大院君《テウォングン》（高宗の父）をかつぎだし、朝鮮政府から親ロシア勢力を一掃するとともに、参謀本部が強く求めていた朝鮮国内での電信線の確保を実現しました。日本は、皇后の殺害というやり方で、朝鮮における自国勢力・権益の維持・発展を図ったのです。

日露戦争の開戦（日本軍による韓国の軍事的制圧）によって、ロシア公使が韓国を脱出し、韓国皇帝・有力政治家とロシアとの連絡が遮断されたことを利用して、日本政府は、一九〇四年二月、開戦前から締結交渉をおこなっていた日韓秘密条約よりもさらに韓国の主権侵害を推し進める内容を持つ「日韓議定書」を締結します。五月には伊藤博文らの元老と日本政府は、韓国を将来的には〈付庸国《ふよう》〉あるいは〈併合〉することを方針とし、日露戦争下において可能な限り保護国化を進めることを閣議決定していました。伊藤博文をはじめ日本の国家指導者の間では韓国の〈保護国〉化という方針では意見の差異はほとんどなかったのですが、〈併合〉に急速に進むことには列強の承認が得られるかどうかという点で異論も多かったのです。

また、日本は日露戦争中から戦後にかけて、韓国への日本の処分権（支配権）を列強に承認させるための工作を進めていました。例えば、一九〇五年七月にアメリカとの間に桂タフト協定を、八月に日英同盟を更新し、一九〇七年六月にはフランスとの間に日仏協約を、七月にはロシアとの間に第一次日露協約を締結しました。これらの一連の条約によって、日本は、米・英・仏・露などの列強との間で、権益と勢力圏を相互に承認しあったのです。すなわち、日本は韓国に対する支配権と南部「満州」に対する優越権をこれら列強に認めさせるかわりに、列強の東アジアにおける植民地支配や既得権益をすべて承認したのです。日本が列強との支配・権益の相互承認へと進んだのは、明らかに韓国へのさらなる支配権強化の伏線でした。日清戦争後の「三国干渉」に懲りた日本の国家指導層は、勢力圏拡張に際してはあらかじめ列強の承認をとりつけておくという方法をとったのです。

日本政府は、日露戦争終結直後の一九〇五年一一月、韓国政府に第二次日韓協約の締結をせまりました。その結果、日本は韓国から外交権を剥奪するとともに、韓国統監府（初代統監・伊藤博文）を設置して、韓国政府への支配力を強めて韓国を〈保護国〉としたのです。日本の国家指導者の中には、性急な〈韓国併合〉論もありましたが、伊藤博文は、この段階では、韓国を一挙に〈併合〉するのではなく、韓国皇帝と韓国政府を通じて、間接統治をおこなう〈保護国〉化の方法を模索していました（小川原宏幸『伊藤博文の韓国併合構想と朝鮮社会』岩波書店、二〇一〇年）。

第二次日韓協約によって韓国は独自に外交をおこなうことができなくなり、日本による対外関係と情報の封鎖状態におかれることになりました。日本による韓国に対する情報封鎖と列強への事前工作は、一九〇七年の「ハーグ密使事件」の時にその効果をはっきりと現しました。同年六月、オランダのハーグで開催されていた第二回万国平和会議に韓国皇帝（高宗）は、全権委任状をもった密使三名を派遣、主権の回復（第二次日韓協約の廃棄）を訴えようとしました。しかし、日本政府と連携した列強によって韓国側の提訴は拒絶され、別途行われたアメリカ・ロシア政府への韓国側の工作も失敗したのです。

伊藤統監はこの「ハーグ密使事件」を利用して、一九〇七年七月、韓国皇帝に圧力をか

抗日義兵たち。左から２人目の人物は西洋式軍隊の訓練を受けたことがわかる。（フレデリック・A・マッケンジー著『義兵闘争から三一独立運動へ』〈太平出版社〉より転載）

けて退位させ、第三次日韓協約を結んで、統監が韓国の外交だけでなく、内政（法令制定・高級官僚の人事）をも監督することを韓国側に認めさせ、さらに、協約の秘密覚書によって韓国軍隊を解散させました。しかし、韓国の軍隊が強制的に解散されると、旧韓国軍の将兵たちの多くが蜂起して、農民義兵に合流し、反日義兵闘争は組織的な戦闘力を高めつつ韓国全土をおおうことになりました。

義兵の蜂起に手を焼いた日本軍（韓国駐劄《ちゅうさつ》軍）は、村々を焼きはらい、ゲリラ闘争を続ける多数の義兵を逮捕・処刑し、あわせて日本軍に非協力的な民衆もみせしめに殺傷しました。義兵闘争のピークであった一九〇八年には、日本軍と交戦した義兵の延べ人数は約七万人、殺傷されるか捕虜となった義兵は約一万五〇〇〇人におよんだとされています（李升熙『韓国併合と日本軍憲兵隊』新泉社、二〇〇八年）。

こうした状況に対して、日本側が支援する韓国政権は弱体で、伊藤博文が構想した韓国皇帝の権威と近代化政策による人心収攬策によっては、〈保護国〉化（間接統治方式）が進められないことは明らかとなり、一九〇九年六月、伊藤は万策つきて統監を辞任し、日本政府は七月に〈韓国併合〉方針を閣議決定しました。伊藤が、義兵闘争の指導者の一人である義兵将・安重根《アンジュングン》によってハルビン駅頭において射殺されたのは、そのあと同年一〇月のことです。

伊藤博文の統監辞任と死亡によって、漸進的併合路線としての〈保護国〉化構想は後退し、直接的な〈併合〉路線が強まっていきましたが、〈併合〉時期と新たな国家の形態（皇帝の処遇など）については未定でした。ところが、一九一〇年になって、アメリカによる「満州」中立化構想（「満州」分割へのアメリカの参入の意思表示）などに危機感を抱いた日本政府は、急遽、イギリス・ロシアとの利害調整を図り、二国の承認をとりつけた上で、八月、「韓国併合に関する条約」により、〈強制併合〉（皇帝と韓国政府の存在を否定した直接

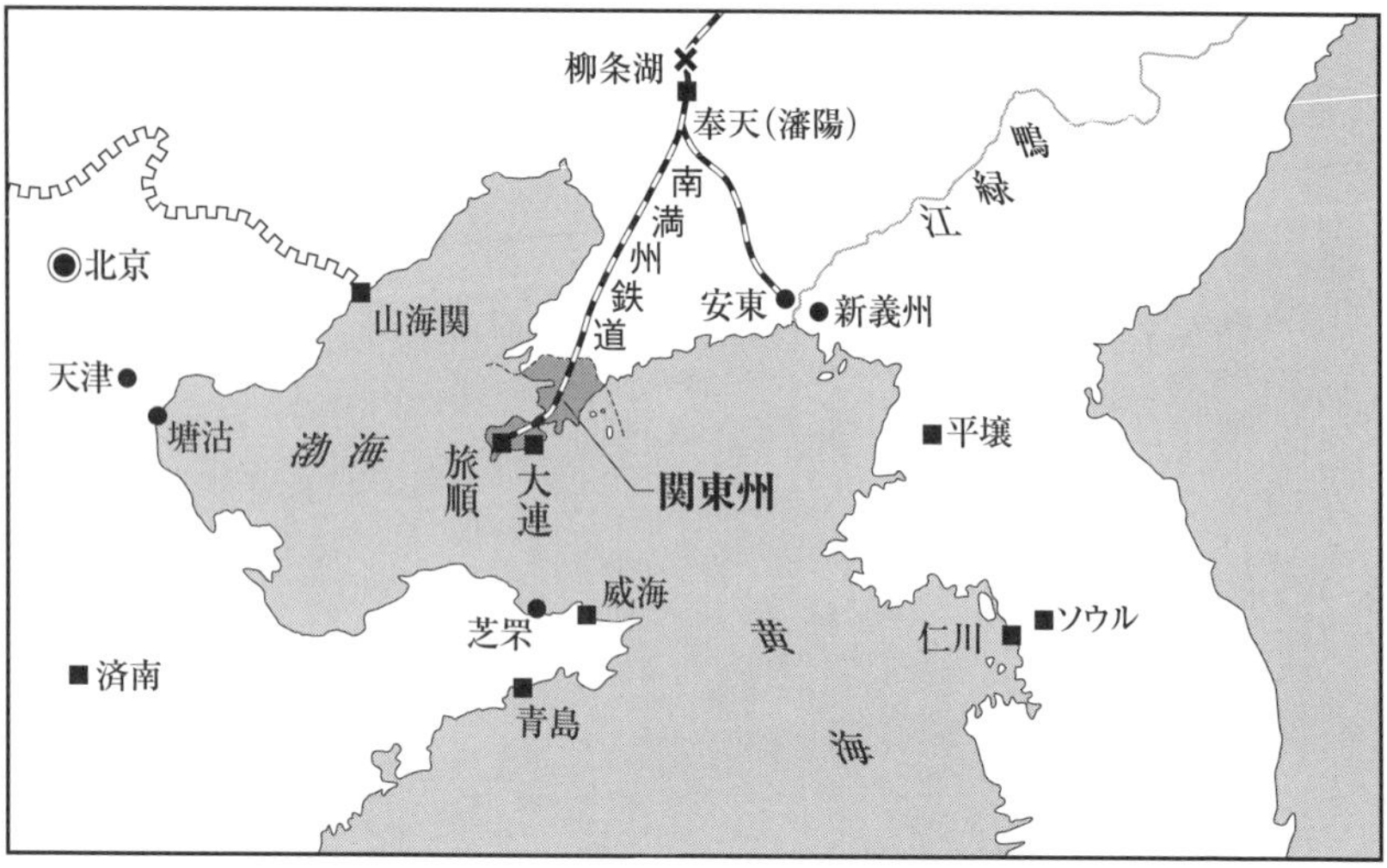

統治）を断行することになったのです（小川原前掲書）。〈併合〉という方法は、日清戦争期から日本側が常に朝鮮への介入の口実として表明していた「韓国の独立の尊重」と、「韓国が富強な国家になるまでの〈保護〉」という建前に完全に反する行為でした。そのために日本は、その後も軍事力による強圧的な体制を構築しなければ支配を貫徹できない状態に陥ってしまいました。まさに日露戦争によって日本がさらに韓国支配へと踏み込んだために、日本は力による植民地支配という泥沼へと足を突っ込むことになったのです。

日露戦争に勝利したことで、旅順・大連などがある遼東半島の租借権は、ロシアから日本に引き継がれました。租借地というのは、清国の領土ですが、実質的な統治権は租借した国が持ち、司法・立法・行政を実施する準領土のことです。日本政府は、租借した遼東半島の先端部（旅順・大連地区）を関東州と名づけ、そこを管轄する関東都督府という役所を一九〇六年に旅順に設置しました（のちに関東庁となる）。

また、ポーツマス講和条約の結果、日本政府は、ロシアが建設した東清鉄道の南満州支線（長春〜大連）をロシアから獲得しました。この鉄道は一九〇六年には半官半民の国策会社・南満州鉄道（満鉄）となりました。勢力範囲に列強によって敷設された鉄道路線は、内陸部の資源・商品を運び出し、列強の商品や軍隊・植民者を送り込む植民地政策の大動脈の役割を果たしました。満鉄も同様で、のちに炭坑なども経営する一大コンツェルンとなっていきます。

遼東半島という中国の要地をおさえ、大連港と満鉄線を獲得したことによって、朝鮮半島だけでなく南部「満州」に日本の勢力を拡大していくいわゆる〈大陸経営〉がその後の日本の国策・対外政策の最も重要な柱となりました。また日本は、日露戦争後もロシアを「仮想敵国」としていましたが、英・露が接近したために（一九〇七年英露協商成立）、日本単独でロシアと再戦することはもはや不可能になり、一九〇七年七月、日露両国は第一次日露協約を締結し、相互の領土保全などを確認し、これに付随する秘密協定において両国の勢力範囲を北部「満州」はロシア、南部「満州」は日本、西部蒙古はロシア、東部蒙古は日本、と線引きをして勢力範囲の分割をおこなったのです。

日露戦争で獲得した関東州と南満州鉄道という大きな権益を守るために、関東州に守備隊が設置されました。守備隊は、一九一九（大正八）年に関東都督府が関東庁に改組された際に、関東軍という名称になり（司令官は陸軍中・大将）、天皇に直属する有力な部隊となりました。関東州・満鉄・関東軍は日本が保有する「満蒙特殊権益」の三本柱とされました。関東軍は、重要地点を守備する独立守備隊六個と日本国内から派遣される一個師団などから編成され（兵力はおよそ一万人）、その後も関東州と満鉄・満鉄付属地を守備するということを名目に、次第に権限と戦力を拡大させ、日本の〈大陸経営〉政策に大きな発言力を持つようになります。

このように日露戦争をきっかけとして日本は〈韓国併合〉と〈大陸経営〉という植民地主義への道を選択し、帝国主義列強と張り合いながらさらなる膨張主義路線へと突き進む、大きな〈失敗〉に至る道のりを走り始めるのです。

Ⅲ

日本陸軍の戦略

――〈成功〉と〈失敗〉

1　日本陸軍の基本戦略構想

※北方戦線での先手必勝の決戦戦略

日本陸軍は日露戦争で、旅順攻防戦をはじめとして何度も悲惨な〈失敗〉をくり返しますが、戦争前半においては、朝鮮半島の制圧や遼東半島への無血上陸作戦など、比較的順調に作戦を進めます【5ページ図1参照】。

もともと開戦前に日本陸軍が考えていた戦略は、先手をとって極東ロシア軍を南方の旅順方面と北方の奉天方面に完全に分断し、それらを各個に撃破するというものでした。そのためには、遼東半島の旅順・大連以北に日本陸軍の主力部隊（第二軍）を上陸させてロシア軍の南北の連絡を遮断するとともに、同時に朝鮮半島から鴨緑江を越えて支援部隊

（第一軍）を「満州」に進攻させて「満州」とウラジオストク方面のロシア軍の東西の連携を断ち、第一軍・第二軍が分進合撃して北進し、ロシア軍主力をまずは遼陽付近で撃破することをめざしていました。

この第一軍と第二軍がおこなう北方作戦が日本陸軍の主作戦で、なるべく迅速に北上して、準備がととのわないロシア側を受け身に立たせ（ロシア側の兵力集中が未完成のうちに）、北方のロシア軍主力に決戦をいどんで大打撃を与え、その後、相手が増援されるたびに、日本側の兵力がまだ優勢なうちに攻勢をかけてそれを打ち破っていくという戦略でした。一九〇四年二月の日露開戦時には、まだ極東ロシア軍の総兵力は一二万人程度と推定されていましたから、二〇万人以上を動員できる日本軍が先手をとれば、北方ロシア軍が増強される前に大打撃を与えることは可能と考えられていたのです。

この戦略で肝心なことは、日本側が北方戦線でロシア側の兵力蓄積を許さず、日本軍優勢（日本軍の兵力の方が多い）の段階で地上決戦に持ち込み、ロシア側の兵力を大幅に減らし、その後、ロシア軍が増援部隊を送ってきたら、日本軍の兵力を上回る前に、つぎの決戦にもちこんでいくということです。そのためには土地の占領よりも、ロシア側に大打撃を与えて兵力を減殺すること（可能ならば包囲・殲滅すること）が重要なのです。

そして、北方戦線で地上決戦が展開されている間、南方の旅順要塞方面は、少数兵力で封じ込めておき、南方ロシア軍が打って出ることを阻止しておけばよい、というのが開戦前の参謀本部の考え方でした。日本海軍が戦争初期において旅順のロシア艦隊を撃滅するか、旅順軍港に閉じこめて出られないようにしてしまえば、旅順要塞を守るロシア陸軍の部隊は、北方戦線を支援するために打って出てこない限り（あえて旅順を攻略しなくても）、それほどの脅威ではないと考えられていました。

日本陸軍は、ドイツから学んだ火力主義（なるべく鉄砲や大砲の弾を集中的に使うことで相手に打撃を与える）と機動戦（陣地戦ではなく、なるべく動き回って相手の退路を遮断したり包囲したりする）によって、ロシア陸軍をまずは南北に分断し、あわよくば北方のロシア軍主力を包囲、殲滅するという作戦を構想していました。まさに〈先制と集中〉の原則（先手をとって相手を分断するとともに受け身に立たせ、決戦戦場に相手よりも優勢な兵力を集中させる）にもとづいた速戦即決を旨とする戦略で、いくつかの部隊に分かれて共通の目標を攻撃するというものです。この作戦を成功させる最大のカギは、相手を受け身に立たせるスピードと局地的に兵力を集中するための部隊の相互連携でした。

そのためには、部隊間の情報コミュニケーションが重要で、当時としては画期的な野戦

電信線を架設する日本兵

における有線電信・電話の活用が図られました。部隊が進んでいくのと同じスピードで電柱を立て、電信線を敷くのです。移動する部隊同士を横につなげることは難しいので、司令部と各部隊の間（満州軍総司令部と軍の間、軍司令部と師団の間、師団司令部と連隊の間など）に電信線を引き、相互の連携を図っていく。バラバラに分かれて一つの目標を攻撃するときに、それぞれが勝手に攻撃するとタイミングが合わなかったりして非効率です。しかし、各師団が満州軍総司令部との間に電信線を敷いて、相互に連携をとって攻撃すれば効率もよく、守る場合も危ないところにすぐに援軍を派遣できました。この相互連携の巧みさが日本陸軍〈成功〉の最大の要因でもありました（後述）。

一方、ロシア軍は、戦争が進むにつれて兵力数はしだいに優勢になりましたが、部隊間の相互連携が希薄で、局地的には猛烈な攻勢をかけて日本軍を撃破することがありましたが、師団単位での連携がとれていないことが多く、それぞれが自分の部隊の損害を減らすために、ほかの部隊に頑張ってもらいたいと考えていました。この電信線を使って巧みに相互の連携を図りながら戦った日本軍と、部隊が連携せずバラバラに戦ったロシア軍というのが、〈成功〉と〈失敗〉の大きな分かれ目だったのです。

❊日本陸軍の基本戦略が成功するための条件

ところで、これまでにまとめたような日本陸軍の基本戦略（「満州」でのロシア側の兵力蓄積をゆるさない先手をとった速戦即決戦略）が成功するためには、三つの条件が整う必要がありました。その条件とは第一に、日本海軍によって黄海の制海権が確保されていること（輸送路の確保）、第二に、開戦直後に朝鮮半島が制圧でき、陸路（鴨緑江の渡河）からの南部「満州」への急進が実現すること、そして第三に、遼東半島への奇襲上陸に成功し、ロシア軍を南北に分断し、急速に北進してロシア軍主力の準備未完に乗ずることができることの三つです。

第一の黄海の制海権確保は陸軍だけではどうにもならず、日本海軍が戦争の初期段階でロシア海軍の旅順艦隊・ウラジオストク艦隊・仁川派遣隊をすべて撃滅してくれればそれは完全に達成されるのですが、最も強大な旅順艦隊（戦艦七隻・装甲巡洋艦一隻を基幹とする）に日本側が大打撃を与えるか、あるいは旅順軍港を物理的に強制封鎖してしまって艦隊を封じ込めてしまえば、基本的に黄海の制海権は確保できそうでした（実際には、小規模なウラジオストク艦隊に日本側は翻弄されるのですが）。また、黄海・対馬海峡の制海権が確保できれば、朝鮮半島・遼東半島・旅順周辺諸島への海底ケーブルの敷設が自由になり、他方、ロシア側海底ケーブルを切断することも容易で、その後の日本側の情報収集・伝達が円滑になることはまちがいありませんでした。

第二の朝鮮半島の制圧、南部「満州」への急進は、第一軍に課せられた任務です。第一軍の先遣部隊（第一二師団）は、開戦とほぼ同時に（一部はその直前に）仁川に上陸して、漢城（京城、現ソウル）を制圧し、韓国宮廷・政府とロシア側との連絡を遮断します。そして、朝鮮半島最大の兵站基地（軍需物資の積み下ろし、集積地）である仁川港と陸上の輸送路を確保、さらには通信線（有線電信）の確保・新設が迅速にできるかどうかが重要な課題でした。

日本軍が上陸した仁川港

そして、大同江河口に上陸した第一軍の主力部隊は、急速に北進し、鴨緑江を渡河して「満州」に進出するのですが、鴨緑江の「満州」側にはロシア軍部隊がすでに展開していますので、無事に渡河をして、ロシア軍部隊（陣地）を突破できるかどうかが重要です。渡河とロシア軍との緒戦にもたつくと「満州」のロシア軍主力部隊の兵力増強に時間をあたえてしまいます。

また、韓国国境付近から日本軍が「満州」へ前進することは、「満州」のロシア軍主力とロシア領沿海州（ウラジオストク方面）のロシア軍部隊との東西の連絡を遮断することにもなり、極東ロシア軍を分断するという日本軍の基本戦略の基礎をつくるものでした。

第三の遼東半島への奇襲上陸、ロシア軍の分断、急速な北進は、「満州」に派遣される最大の部隊である第二軍に課せられた任務で、緒戦の正否を決する作戦です。第二軍が予定通り旅順・大連北方に上陸できれば、ロシア軍を南北に分断し、南方（旅順）ロシア軍への補給・通信を遮断することができます。

また、大陸への最大の兵站基地である大連港と補給路（東清鉄道南満州支線）が確保でき、通信線（有線電信）の新設が始まれば、日本軍は非常に有利な態勢を作ることができます。そして、何と言っても、第二軍が急速に北進することができれば、極東ロシア軍主力が十分な兵力を蓄積できずに、日本が主導権をにぎる形で最初の地上決戦にもちこむことができるのです。

2　日本陸軍の戦略の〈成功〉（主に戦争前半）

※初期既定作戦の順調な遂行

これまでに述べたような日本陸軍の基本戦略構想からすれば、戦争の前半においては陸軍の戦略はかなり順調に進んだように見えますが、後半になると明らかに〈失敗〉が目立つようになります。前半が比較的〈成功〉で、後半が〈失敗〉ということは、あらかじめ準備万端整えた作戦はうまく行ったけれども、想定外のことが次々と起こる後半になるとなかなか事態に対応できなくなったということです【表2】。

日露戦争は一九〇四（明治三七）年二月に始まり一九〇五年九月に終結する一九カ月間にわたる戦争ですが、ここでいう戦争の前半とは、陸軍作戦の場合、基本的に一九〇四年

表２：日露開戦時の日露陸軍力の比較（1904年2月現在）

	総兵力	歩兵	騎兵	火砲	開戦後の増加
日　本	24万人	13個師団 156個大隊	2個旅団	2個旅団 636門	4個師団 10個後備旅団
ロシア	200万人	1740大隊	1085個中隊	12,000門	戦争末期の極東兵力 歩兵687個大隊 火砲2260門
	開戦時の極東兵力 12万人	開戦時の極東兵力 90個大隊		開戦時の極東砲戦力 172門	

出典：桑田悦・前原透共編著『日本の戦争　図解とデータ』（原書房、1982年）などより作成。

八月に始まる旅順要塞総攻撃よりも前を指すことにします（旅順総攻撃からが後半とします。ただ、旅順第一次総攻撃から遼陽会戦の時期を「中盤」と記す場合もあります。なお、海軍作戦も基本的に一九〇四年八月の黄海海戦までを前半とします）。単純に開戦から終戦までの時間の長さからすると前半が約六カ月、後半が一三カ月になってしまいますが、大規模な地上戦闘は一九〇五年三月の奉天会戦までですから、後半は実質的に七カ月ほどといってよいでしょう。

戦争前半での、日本陸軍の戦略・作戦の〈成功〉例を具体的にあげれば、まず一九〇四年の第一軍（司令官・黒木為楨《ためもと》大将）による朝鮮半島の早期制圧と「満州」進出、第二軍（司令官・奥保鞏《おくやすかた》大将）の海路からの南部「満州」への進出（上陸と北上）があげられます【表３】。

第一軍は、一九〇四年二月一六日に第一二師団が、三月一〇日に軍主力が大同江河口に上陸し、朝鮮半島を陸路北進して戦力を整えた上で五月一日に鴨緑江の渡河作戦を開始します。第一軍が開戦三カ月にして「満州」に進出を果たしたということは、ロシアの韓国宮廷・政府への影響力を封

表３：日露戦争開戦時(1904年２月～５月)**の陸軍部隊編制**

第１軍（軍司令官：黒木為楨大将、参謀長：藤井茂太少将）
近衛師団（東京／師団長：長谷川好道中将）
第２師団（仙台／師団長：西寛二郎中将）
第12師団（久留米／師団長：井上光中将）
第２軍（軍司令官：奥保鞏大将、参謀長：落合豊三郎少将／1904年3月15日発令）
第１師団（東京／師団長：貞愛親王中将）
第３師団（名古屋／師団長：大島義昌中将）
第４師団（大阪／師団長：小川又次中将）
野戦砲兵第１旅団（旅団長：内山小二郎少将）
（以下は1904年4月21日発令）
第５師団（広島／師団長：上田有沢中将）
第11師団（善通寺／師団長：土屋光春中将）
騎兵第１旅団（旅団長：秋山好古少将）
独立軍（大本営直轄・1904年5月3日発令）
第10師団（姫路／師団長：川村景明中将）

殺し、南部「満州」に進攻するための兵站基地・輸送路・通信線などを韓国国内に日本側がほぼ確保したことを意味しました。

　これは、軍事的に見れば日本側の〈成功〉といえることですが、国際的に見れば、韓国の国家主権を無視し、その中立を踏みにじる行為でした。なぜなら、一九〇三年九月と開戦直前の一九〇四年一月に、韓国政府は日露両国に対して「中立」を宣言していたからです。日本側は、その韓国の中立宣言を全く無視して韓国に大兵力を進め、その威圧のもとに二月二三日には韓国政府に韓国全土を日本軍の兵站基地として自由に使用させることを盛り込んだ「日韓議定書」を調印させました。日本側の軍事的〈成功〉は、このように韓国の主権を踏みにじることによって達成されたということをおさえておく必要があります。ここで、軍事面のことに話を戻しましょう。

　鴨緑江の渡河作戦において、第一軍は三個師団・

四万二五〇〇人という大兵力を集中して鴨緑江「満州」側に布陣するロシア軍二個師団・一万六〇〇〇人を圧倒しました。野山砲・重砲弾を五〇〇〇発以上もロシア軍陣地に集中的に撃ち込んだ上で、迅速な機動作戦をおこないました。これは、ドイツ流の火力主義と機動戦を、日本軍が教科書通り実施した結果でした。日本陸軍は、大兵力と火力の集中、先手をとった迅速な機動戦によってロシア陸軍との最初の本格的地上戦闘に勝利をおさめたのです。

日本軍が本格的な地上戦でロシア軍を敗走させたというニュースは、五月二日・三日付の欧米諸国の新聞でただちに報道されました。ちょうど一二日からロンドンで発売され始めた日本の外債は、前評判が芳しくなかったにもかかわらず、日本軍勝利の報道の結果、買い手が殺到し、第一回売り出し分の五〇〇万ポンド（五〇〇〇万円）はたちまちのうちに完売したのです。この最初の外債の募集成功は、日本軍のヨーロッパにおける武器・弾薬購入に道筋をつけることになりました。

第二軍の遼東半島無血上陸も日本側としては軍事的には〈成功〉したものといえます。第二軍は五個師団と二個旅団からなる「満州」に派遣された日本陸軍最大の部隊であり、その遼東半島上陸は、日本陸軍の基本戦略構想のなかでも最も重要なものでした。もともと日本陸海軍合同の戦時最高司令部である大本営は、第一軍の鴨緑江渡河と第二軍の遼東半島上陸を同時（五月一日）に実施する予定でした。そのため、日本海軍は、黄海の制海権を完全に掌握するために、ロシアの旅順艦隊を誘い出して撃滅することを図りました。しかし、旅順艦隊が出撃しなかったため、二月二四日と三月二七日の二回にわたり旅順港閉塞作戦を実施しましたがいずれも失敗しました。そして三回目の閉塞作戦を、第二軍の上陸作戦（第一軍の渡河作戦）にあわせておこなう予定でしたが、悪天候の関係でそれは五月二日夜（から三日にかけて）実施されました。そのため、第二軍は第一軍の鴨緑江渡河と同時に遼東半島に上陸することはできなくなりました。

ところが、連合艦隊による第三次旅順港閉塞作戦も失敗してしまい、黄海の制海権は不安な状態でしたが、五月五日、第二軍は遼東半島の大連北方の塩大澳という所に上陸を開始しました。高波のために上陸は難渋をきわめ、第二軍の第一派の上陸は五日に始まり一二日までかかりました。結局、第二軍（五個師団＋二個旅団）の上陸は五月末までかかってようやく完了しました。ひと月近い上陸作戦の間、ロシア軍は海上からも陸上からも攻撃することなく、第二軍はまったく損害を出さないですみました。

無血上陸をはたした第二軍はまず遼東半島を南下して、五月二六日には、苦戦したものの海軍艦艇の艦砲射撃の支援を得て、ロシア側の大連・旅順方面の北側の防衛拠点である南山を占領しました。ロシア軍は大連を放棄して旅順要塞方面へと撤退したため、ロシア軍の陸軍部隊は北方（遼陽方面）の主力部隊と南方（旅順）の要塞部隊が完全に分断されることになりました。ロシア軍の分断（旅順の孤立化）に成功した日本軍は、北上するための兵站基地（大連港）と補給路（大連から北方に延びる鉄道）・通信線を確保しました。

また、五月一九日には大本営直轄の第一〇師団が、第一軍と第二軍の間にあたる遼東半島の付け根、大孤山に上陸しました。鴨緑江を渡河して「満州」に進んだ第一軍とあわせて、五月末の時点で日本陸軍は、遼東半島・南部「満州」に九個師団と二個旅団（総兵力約二〇万人）を送り込み、日本軍の既定の初期作戦はほぼ〈成功〉しました。ただし、この時点ですでに日本陸軍の総兵力一三個師団のうち九個師団が大陸に渡り、日本国内には四個師団を残すのみとなっていました。

開戦前の日本軍の計画では、第二軍は遼東半島に上陸したらロシア軍を南北に分断して、南方の旅順要塞は少数の警戒兵力を配置して封じ込め、主力は直ちに北上して朝鮮半島方面から北上する第一軍と連携して遼陽方面でロシア軍主力と決戦をおこなう予定でした。

南山の戦いでは、思わぬ苦戦をしたものの、一九〇四年五月の時点までは、日本陸軍の作戦はかなり順調に進展したといえます。

この緒戦における〈成功〉の原因は、あきらかに日本軍が準備万端ととのえた上でのぞんだ既定の作戦であったことと、ロシア軍が準備不足で、日本軍の渡河作戦や上陸作戦を妨害できなかったことにあります。ロシア側の戦略は、基本的に、打って出るよりはなるべく相手がやってくるのを待つという戦略で、北方にロシア軍の主戦力を十分に蓄積した上で、日本軍を迎え撃つというものだったのです。本来、渡河作戦や上陸作戦は〈成功〉させるのが難しい作戦です。ところが、ロシア側は準備不足もあって積極的に出ることをさけ、日本軍の渡河・上陸をまったく妨害しなかったのです。

そもそもロシア側（政府）は、一九〇四年二月の時点で日本側が戦争に打って出るとは考えておらず、完全に意表をつかれるかたちとなりました（和田春樹『日露戦争　起源と開戦』岩波書店、二〇〇九年）。相手の準備未完に乗じてまず大打撃を与え、増援部隊が来れば、相手側に兵力蓄積の余裕を与えずにそのつど撃破するという日本側の計画は、滑り出しにおいては〈成功〉しつつあるように見えました。

※部隊間の相互連携・情報伝達

ロシア側に兵力を蓄積する余裕を与えないで打撃を加え、つねに日本側が優勢な状態を維持するという日本軍の基本戦略は実際には成功しませんでした。その理由は、詳しくは後述しますが、日本軍が旅順封じ込めから旅順要塞攻略へと作戦方針を転換し、大兵力を南方の旅順戦線に張り付けざるをえなくなったために、北方の決戦に投入できる兵力が不足してしまったからです。一九〇四（明治三七）年八月末から始まった日露両陸軍主力の最初の大会戦・遼陽会戦の時点で、日本軍が約一三万人を投入したのに対してロシア軍はそれをはるかに上回る約二二万人をぶつけてきました。この後も常に、日本軍は兵力的には劣勢でした。旅順が陥落して、全兵力を日本軍が集中してのぞんだ一九〇五年三月の奉天会戦でも日本軍約二五万人に対してロシア軍は約三二万人でした。

しかし、日本軍は、ロシア軍よりも作戦に使用できた兵力では劣勢であったものの、なんとかロシア軍に対抗し、攻勢に終始しました。それは、まず第一に、戦争を通じて陸軍の将兵の質・練度が比較的高い水準で保たれたこと、第二に、陸軍部隊の間の（あるいは

遼陽に向かう日本軍

陸軍と海軍の間の）共同作戦・連携がうまくいったことです。この部隊の質の維持と連携・共同の成功は、有線電信・電話、無線電信による情報コミュニケーションネットワークの構築ということで結びつけられています。

陸軍は遼陽会戦の頃までは、開戦前から研究と訓練を積んだ将校・下士官・兵士が多数健在で、将兵（とりわけ歩兵）の均質性・練度という点ではロシア軍を上回っていました。しかし、その後、旅順（一九〇四年八月〜一九〇五年一月）・沙河（一九〇四年一〇月）・黒溝台（一九〇五年一月）での戦いを経て、戦場で部隊を直接指揮する中隊長・小隊長クラスの現役将校（少尉～大尉）が多数戦死し、本来、後方警備用の後備部隊までも最前線に転用しなければならなくなると、陸軍部隊の均質性・練度は低下することになりました。そのため、ロシア軍が計画的に逆襲を仕掛けると壊乱状態に陥る部隊も出るようになります。

奉天会戦にいたるまで陸軍部隊の質と練度は、次第に低下していったのですが、それでも平均するとロシア軍を上回っていたといってよいでしょう。ロシア軍は、将軍（将官クラス）・部隊を指揮する将校（佐官・尉官クラス）・下士官・兵士にバラつきが大きく、有能な指揮官と練度の高い精鋭部隊は確かに存在しましたが、全体としては質（練度）より量（兵員数）に頼っていたといえます。

しかし、次第に質的な低下をきたしつつも、兵力数で劣勢な日本陸軍が、兵力数でまさるロシア軍を多くの場合、押していったのは、日本軍の将兵の質・練度だけでなく、日本側の部隊間の連携がロシア軍よりも良好だったからです。「満州」における総兵力ではロシア軍が優勢であっても、日本軍は重要地点には異なる方向から兵力を分進合撃させ、一部隊がロシア軍の正面から攻撃をかけつつ、他の部隊がロシア軍の退路を断つように機動することで、しばしばロシア軍を退却させることに成功しました。日本軍は機動戦を多用しましたが、むやみに蛮勇を振るって進撃していたわけではなく、情報伝達を密にして各部隊が連携して進撃することにより、先制と集中の利を得ることができたのです。これこそ、司馬遼太郎さんの『坂の上の雲』にはほとんど出てこない話です。この小説を読むと、日本軍は巧みに連携がとれていて、どうやって連絡していたのだろうと疑問をもつのですが、そこが描かれていません。実際には、当時イギリスなどから派遣された新聞記者が、日本側の電信線の設営や野戦電話を盛んに写真に撮り、記録に残しています。

野戦電話を使用する日本兵

日本軍は満州軍総司令部と軍・師団、さらに師団司令部と前線に配置されている連隊本部・大隊本部を有線電信線（短距離の場合は電話線）で結び、部隊が移動・推進するにつれて電信・電話線を伸ばし、ロシア軍の動きに即応して、各部隊が連携して動ける態勢を整えていました。逆に、ロシア側は部隊間の通信の不徹底、部隊の連携の悪さが随所で見られました。そのため、沙河会戦・黒溝台会戦などではロシア側が先に行動をおこしながらも、後から動き始めた日本軍の方が重要地点に迅速に兵力を集中し、連携の悪いロシア軍部隊を各個撃破することができたのです。当時の日本軍は、陸軍も海軍も有線電信・有線電話・無線電信による情報伝達網の構築にきわめて熱心で、それで兵力数での劣勢を補っていたのです。

野戦における有線電信・電話の使用など当時のハイテク技術を活用した戦いに、イギリス人をはじめ観戦武官・新聞記者は多いに感心し、注目していたのです。ところが、日露戦争後に日本で出版されたものには、この点は秘密にされ、ほとんど出ていないのです。日本側にしてみると、秘密にして記録に残さないうちに、日本人自身が忘れてしまう、あるいは軽視してしまうということが起きてしまったのです。

また、日露戦争を通じて、陸軍部隊間にかぎらず、陸軍と海軍の連携・共同は良好でした。陸軍は、海軍の要望（バルチック艦隊来攻前の旅順艦隊の無力化）を重視して旅順要塞の攻略に多大なエネルギーを注ぎました。もっともこれが結果的に、第三軍（司令官・乃木希典大将）に膨大な犠牲を強いたことにはなるのですが、海軍も陸軍の南山攻略戦（一九〇四年五月）の時のようにロシア軍の堡塁・砲台を艦艇から艦砲射撃を加えるなど、陸海軍の共同・連携は随所でみられました。海軍は、陸軍の上陸作戦にあわせて旅順閉塞・攻撃作戦を実施したり、護衛艦艇を派遣したりして連携をはかりました。それでもロシアのウラジオストク艦隊の神出鬼没のゲリラ戦によって海上護衛を担当した第二艦隊は翻弄されましたが、海軍は黄海・日本近海の制海権確保（輸送船舶の安全）に大きな努力を払ったことは確かです。

陸海軍の連携の良さは、陸海軍が共同で電信用海底ケーブルの敷設、有線電信線の架設、無線電信網の構築にあたるなど、情報コミュニケーションネットワークの面での共同・連携がその基礎になっているのです。

3　日本陸軍の戦略の〈失敗〉（主に戦争後半）

※〈失敗〉への伏線

陸軍は、戦争中盤から後半にかけて、戦略の〈失敗〉があらわになっていきます。まず、一九〇四（明治三七）年八月からの旅順戦が大変な苦戦となりますし、八月末から九月にかけての遼陽会戦ではロシア軍を後退させたものの、ロシア軍部隊の包囲・殲滅は達成できず、土地の占領よりもロシア軍兵力の削減を達成しなければならない日本軍としては、先行きに不安を感じざるをえない戦いでした。

遼陽の戦いは、開戦七カ月（日本陸軍主力の「満州」進出後四カ月）にして起こった日露両軍の最初の大会戦でしたが、投入兵力は日本軍一三万人に対してロシア軍二二万人で、早くもロシア軍が兵力において優っていました。

ロシア軍の準備未完に乗じて、大兵力を集中してロシア軍主力に大打撃を与えて「満州」におけるロシア軍の兵力蓄積を許さない、というのが日本軍の当初の目論見だったわけですから、大きな計算違いとなりました。もともと日本陸軍は、計算上は少なくとも二〇万人以上の兵力を遼陽会戦に投入できる予定でした。ところが、一三万人の兵力しかこの決戦に投入できなかったのは、日本の大本営が、当初の予定を変更して、旅順を力ずくで攻略することを決定して、そのために大兵力を投入することにしたためでした。日本軍は旅順を孤立化させて、ロシア軍を分断したはずであったのに、旅順を攻め落とそうとして、日本軍の戦力が南北に二分割されてしまう結果となりました。なぜ、日本軍は、みずから戦力を南北に二つに分けるという危険な戦略をとることにしたのでしょうか。それはバルチック艦隊の来航という衝撃的な情報が飛び込んできたからです。

当初、大本営は第三軍の一部の兵力をもって旅順を監視し、そこからロシア軍が反撃に出てこられないようにしておけばよいと考えていたのですが、ロシアが太平洋第二艦隊（バルチック艦隊）を編成することを決定し（四月三〇日）、その司令長官にロジェストウェンスキー少将が任命された（五月二日）ことなどが、情報として日本にも伝えられたため、大本営の考えは変わりました。バルチック艦隊がやってきてほとんど無傷の旅順艦隊と合流したならば、黄海はおろか日本近海の制海権を日本側が確保できるどうかはわからず、もしもロシア側が制海権を掌握するようなことがあれば、輸送・補給ができないということになり、大陸での日本軍の作戦はまったく不可能になってしまうのです。そのためにも、バルチック艦隊がやって来る前に、なんとしてでも旅順を攻略して、旅順艦隊を撃滅しておこうと大本営は考えたのです。

問題は、バルチック艦隊がいつ頃、やってくるかということでした。また、旅順を攻略して、首尾よく旅順艦隊も壊滅させたとしても、その後、日本海軍の主要艦艇の修理・点検と訓練のために二カ月程度は必要と考えられていましたので、遅くともバルチック艦隊がやってくる二カ月前までには旅順作戦は終了しておかなければならなかったのです。

派遣艦隊の司令長官が任命されたのですから、仮にバルチック艦隊が出航準備に二カ月かかったとすれば、七月に本国出発、順調に進めば三～四カ月もあればアジアにやってくると想定されていましたから、早ければ一〇月、遅くとも一一月には日本近海に出現することになります。とすれば、それから二カ月前の八月中には旅順作戦を終結させる必要がある、ということです。

バルチック艦隊来航という情報に大きな危機感をいだき、五月二七日、大本営は第二軍の編制を変更し、従来の五個師団・二個旅団からいったん三個師団（第三・第四・第五師団）・二個旅団へと規模を縮小する一方で、第二軍は北方作戦に専念させることにしました【表4】。

そして二九日、大本営は、南方（旅順方面）作戦のために新たに第三軍を三個師団（第

表4：日露戦争中盤(1904年6月)の陸軍部隊編制

第1軍（軍司令官：黒木為楨大将、参謀長：藤井茂太少将）
近衛師団（東京／師団長：長谷川好道中将）
第2師団（仙台／師団長：西寛二郎中将）
第12師団（久留米／師団長：井上光中将）
第2軍（軍司令官：奥保鞏大将、参謀長：落合豊三郎少将／1904年5月27日発令）
第3師団（名古屋／師団長：大島義昌中将）
第4師団（大阪／師団長：小川又次中将）
第5師団（広島／師団長：上田有沢中将）
野戦砲兵第一旅団（旅団長：内山小二郎少将）
騎兵第一旅団（旅団長：秋山好古少将）
（以下は1904年6月30日発令）
第6師団（熊本／師団長：大久保春野中将）
後備歩兵第11旅団（旅団長：隠岐重節少将）
第3軍（軍司令官：乃木希典大将、参謀長：伊地知幸介少将／1904年6月30日発令）
第1師団（東京／師団長：貞愛親王中将）
第9師団（金沢／師団長：大島久直中将）
第11師団（善通寺／師団長：土屋光春中将）
後備歩兵第1旅団（旅団長：友安治延少将）
後備歩兵第4旅団（旅団長：竹内正策少将）
野戦砲兵第2旅団（旅団長：大迫尚道少将）
後備工兵隊
攻城砲兵司令部（司令官：豊島陽蔵少将）
第4軍（軍司令官：野津道貫大将、参謀長：上原勇作少将／1904年6月30日発令）
第5師団（広島／師団長：上田有沢中将）
第10師団（姫路／師団長：川村景明中将）
後備歩兵第10旅団（旅団長：門司和太郎少将）

一・第九・第一一師団）と攻城砲兵司令部・攻城特種部隊などをもって編成することを決定し、司令官には乃木希典大将が任命されました。第三軍の主力である三個師団は、第一・第一一師団の二個師団が第二軍から引き抜かれたもの、第九師団があらたに日本本国から送られたものでした。六月四日、乃木以下の第三軍司令部は、塩大澳に上陸、六日に南山に到着しました。

表5：満州軍総司令部の編制（1904年6月末）

総司令官	元帥・大将	大山巌（侯爵）	
総参謀長	大将	児玉源太郎（男爵）	
第1課	参謀	歩兵大佐	松川敏胤
	参謀	歩兵少佐	河合　操
	参謀	歩兵少佐	田中義一
	参謀	歩兵少佐	小池安之（兼任）
	参謀	歩兵少佐	尾野実信（兼任）
	参謀	歩兵大尉	東　正彦
	参謀	歩兵大尉	大竹澤治
	参謀	歩兵大尉	国司伍七（兼任）
第2課	参謀	少将	福島安正
	参謀	歩兵少佐	小池安之
	参謀	騎兵少佐	田中国重
	参謀	歩兵少佐	田中義一（兼任）
	参謀	歩兵大尉	岡田重久
第3課	参謀	少将	井口省吾
	参謀	歩兵少佐	尾野実信
	参謀	歩兵少佐	河合　操（兼任）
	参謀	歩兵大尉	国司伍七
	参謀	歩兵大尉	東　正彦（兼任）

「満州」に派遣されている部隊が一〇個師団を超え、さらにそれが北方戦線と南方戦線に分割されてしまったことから、北方の遼陽付近で想定される主力決戦をひかえて、派遣部隊の統一的な指揮をはかるために、大本営は、六月二〇日、満州軍総司令部を設置しました【表5】。そして、総司令官にこれまで参謀総長だった大山巌大将（元帥）を、総参謀長には参謀次長だった児玉源太郎大将があてられ、従来の参謀本部がほとんどそのまま

「満州」に渡ったといってもよい布陣をとりました。

そして、六月三〇日には、第一軍（近衛・第二・第一二の三個師団）・第二軍（第三・第四・第六の三個師団）とは別に、両軍の中間に第四軍（第五・第一〇の二個師団）が編成されました。満州軍総司令部は、この第一・第二・第四軍の合計八個師団を主戦力として遼陽決戦に、第三軍の三個師団をもって旅順要塞攻略にあてました。もしも、仮に第三軍に配置された三個師団が北方戦線に向けられていれば、日本軍は少なくとも一一個師団（あと本国に第七・第八の二個師団あり）を遼陽会戦に投入できたわけです。

当時の日本陸軍の一個師団あたりの戦時編制定員は一万八五〇〇人を平均としていましたので、一一個師団で総兵力は二〇万三五〇〇人、もしさらに残りの二個師団を投入できれば二四万五〇〇〇人となり、ロシア軍を上回る兵力となるはずでした。ところが、三個師団を旅順攻略のために第三軍に編入したために、北方での決戦戦力が不足することになったのです。そしてさらに、遼陽にいたる過程の諸戦闘で将兵の損害が出たため、遼陽決戦には八個師団が投入されたにもかかわらず、その総兵力は計算上は一四万八〇〇〇人ほどになるはずだったのですが、欠員の補充が進まず一三万人の兵力しか投入できませんでした。

遼陽での決戦は、九月頃に起こるだろうと予想されていましたし、前述のようにバルチック艦隊の来航予想（五月の時点での日本側の予想）から逆算すれば、八月中に旅順要塞を攻略しなければ、第三軍の戦力は遼陽決戦には参加できなくなってしまうため、大本営も満州軍総司令部も、バルチック艦隊に神経をとがらせていた連合艦隊も、とにかく一日も早く旅順要塞を落とすように第三軍司令官・乃木希典に要求しました。

ここに日本陸軍の旅順での大きな〈失敗〉のタネがまかれたのです。つまり、旅順要塞の防備実態を検討した上で、攻略準備・攻撃実施のスケジュールが決められたのではなく、北方での遼陽決戦とバルチック艦隊来航の予想日程から逆算して、外側から無理やりスケジュールが決められてしまったということです。大山巖に代わって参謀総長となった山県有朋大将（元帥）は、第三軍の全軍が現場に到着しなくても、第三軍には攻撃を始めさせるように大山総司令官に伝えました。

第三軍による旅順要塞攻略の調査・準備は、七月になってようやく本格化しましたが、武器・弾薬の備蓄は進みませんでした。しかし、満州軍総司令部は、早急に攻略計画を提出するように第三軍に求め、第三軍司令部は、弾薬不足のために実現不可能なことを承知の上で七月一八日に計画を提出しました。「とにかく急げ」というのが、大本営・総司令

図2：旅順要塞攻略戦

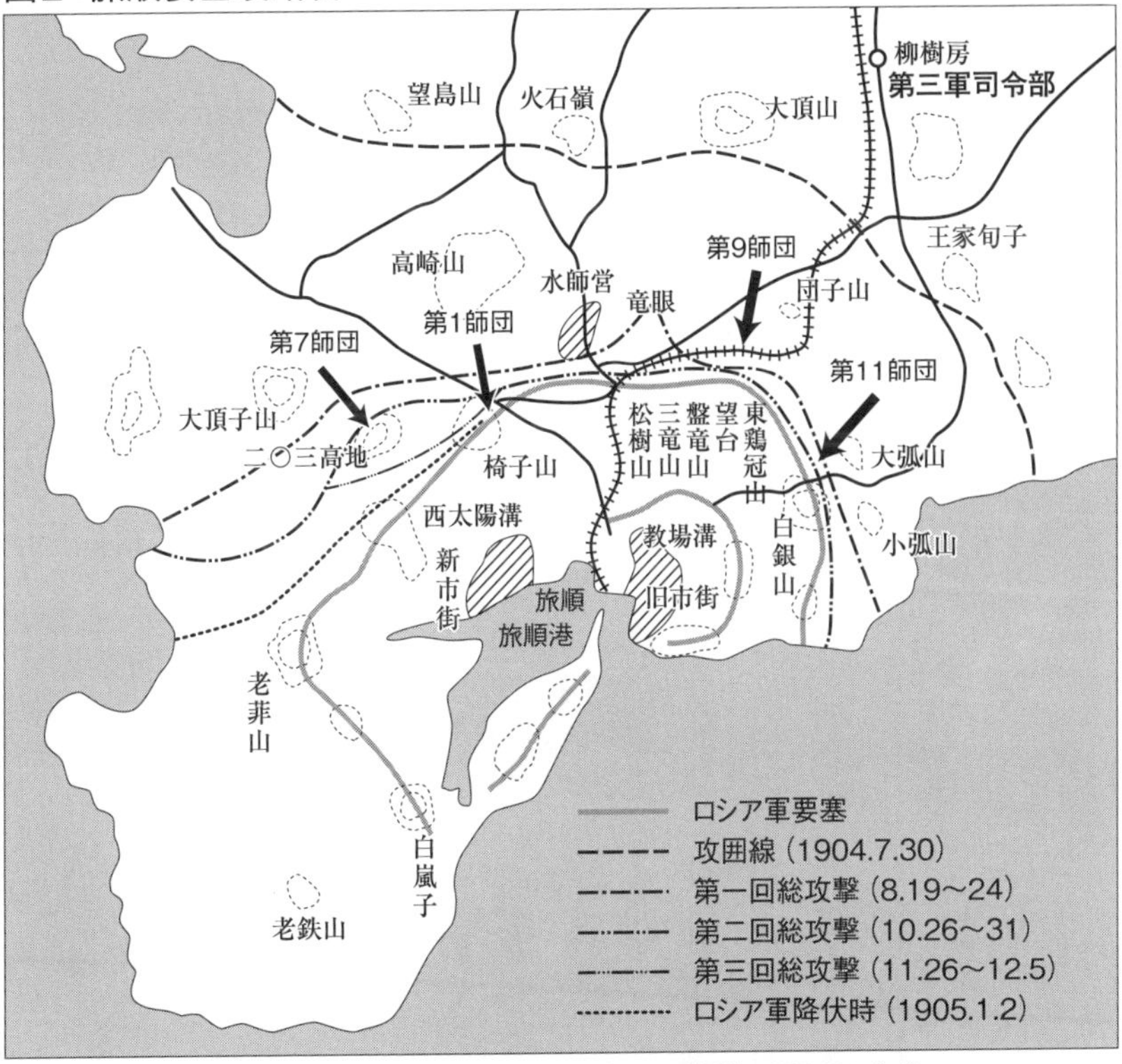

出典：山田朗著『世界史の中の日露戦争』（吉川弘文館）123頁掲載の図を元に作成。

部・連合艦隊の第三軍に対する姿勢でした。

　第三軍が提出した計画書によれば、第三軍は七月二五日には旅順要塞の外郭部分の張り出したロシア軍陣地への攻撃を始め、それによって八月一八日までに要塞本体への砲撃のための砲兵陣地を確保して、二一日に総攻撃を開始、八月末までに要塞を攻略するとされていました【図2】。旅順要塞は、堅固なコンクリートの堡塁群から成る要塞本体（永久陣地）とそれをとりまく外郭陣地（野戦陣地）から構成されていたのですが、第三軍は、まず外郭陣地を占領し、そこに要塞本体を攻撃するための攻城砲兵を推進し、その上で要塞本体への総攻撃を実施しようとしました。

日程的には、要塞の堅固な部分を攻略するための準備攻撃（大砲を配置する場所を確保するための攻撃）に二四日、総攻撃を始めて一〇日以内に作戦を終了させるというのです。第三軍は、武器・弾薬の輸送と集積に時間がかけられないため、鉄道の端末駅から最も近い地点である旅順要塞の北東正面を主たる攻撃目標として選びました。この方面の要塞本体は、最も堅固なものでしたが、部隊を迂回させて攻撃正面を設定し直すことは時間的に困難でした。

本来ならば、要塞本体を攻略するためには、十分な偵察と研究、演習などを実施し、武器・弾薬の備蓄、とりわけ有力な攻城重砲を十分に準備した上で、要塞を地下から爆破するための坑道掘削などを同時に進めることが不可欠でした。開戦前には、必ずしも旅順要塞の攻略は不可欠の作戦とは考えられていなかったために、第三軍は、現場に行ってみて、とにかくできることを始めてみるしかありませんでした。大本営は、第三軍のために攻城砲兵司令部を配置し、約三〇〇門の大砲を送りました。これだけの火砲を使えば、どのような堅固な要塞であっても落ちないはずはないと考えたのです。

※旅順での〈失敗〉の現実

第三軍司令部は、要塞攻略の準備が決定的に不足しているにもかかわらず、上級司令部と海軍から急かされて、とにかくほぼ予定通り、七月二六日に要塞外郭部への攻撃を始めました。作戦準備が泥縄であったにもかかわらず、気負い立った各師団の外郭陣地への攻撃は積極的で、その結果、八月一四日までには攻城砲兵のための陣地を確保し、要塞本体への総攻撃の準備が整いました。ここまでは、第三軍の計画通り、むしろ計画よりも少し早いくらいの展開でした。攻城砲兵の展開が成った以上、要塞本体の攻略は予定では一〇日以内に完了するはずでした。

八月一九日に第三軍は、旅順要塞本体への総攻撃を始めました。ロシア軍要塞の堡塁に対する一斉砲撃の後に歩兵部隊の集団的な突撃がおこなわれました。ところが、この時に投入された日本軍の大砲は、最強のものでもクルップ式一二センチ榴弾砲があるだけで、大半の大砲は普通の野砲・山砲（口径七・五センチ）や日清戦争の際にも使った九センチ臼砲《きゅうほう》や一五センチ臼砲でした。これでは、要塞本体の堅固なコンクリート製の堡塁を破

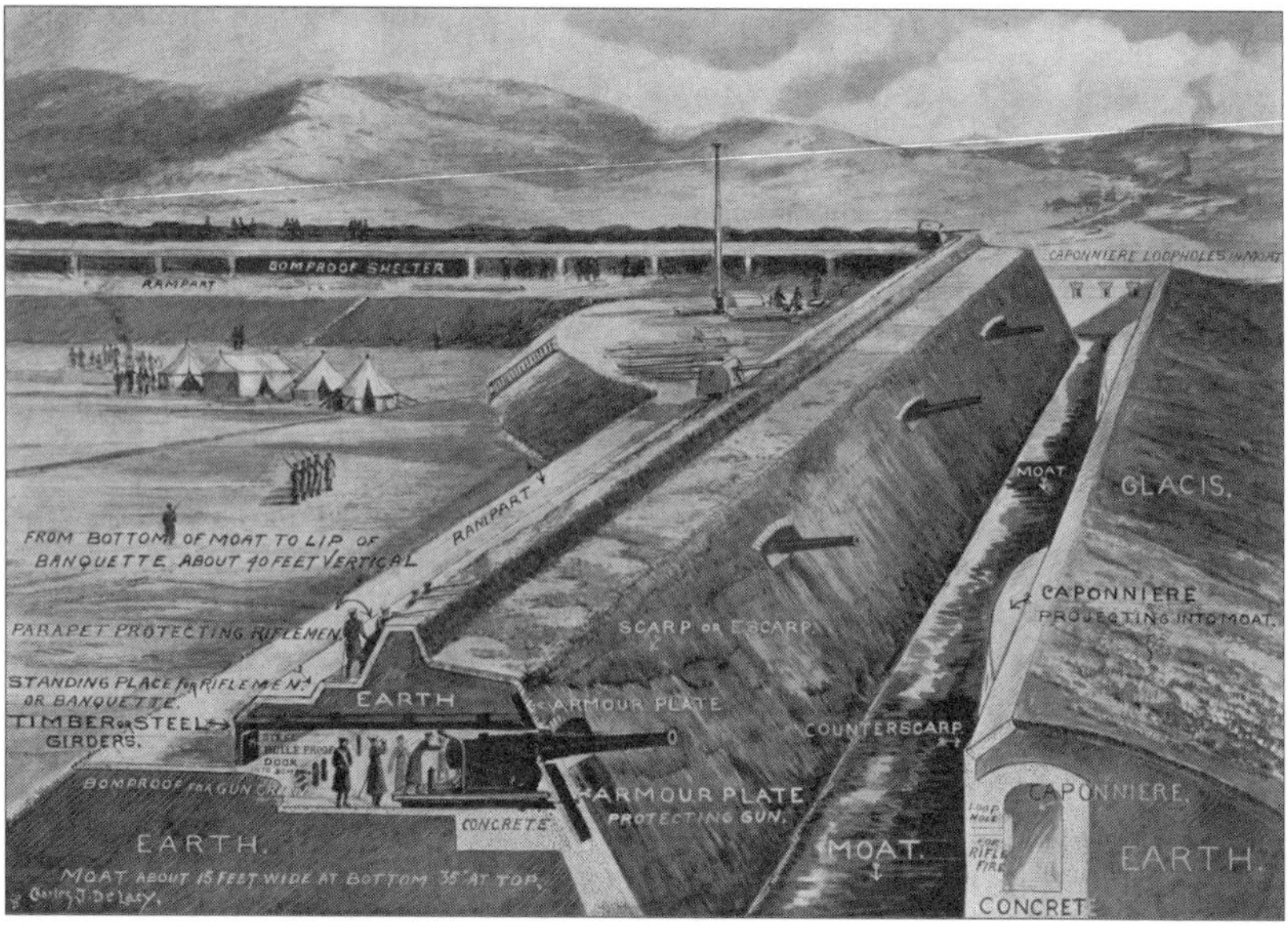

ロシア軍堡塁の構造を描いたイラスト

壊することはできませんでした。また、そのロシア側の堡塁は、大砲・機関銃・小銃が死角なく配置されており、堡塁占領をめざして正面から突撃した日本兵は次々になぎ倒されてしまいました。

日本軍の総攻撃は二四日まで続けられましたが、参加兵力五万七〇〇〇人のうち一万五八六〇人の死傷者（うち戦死五〇三七人）という大損害を出して攻撃は〈失敗〉に終わりました。こういった場合の「死傷者」とは、死亡するか、重傷を負って戦場から離脱せざるをえなくなった人数をさしますので、第一回の総攻撃で、第三軍の将兵の二八％がもはや戦力としてカウントできなくなってしまったことを意味しています。

『坂の上の雲』では、旅順攻略が上手くいかなかったのは、第三軍司令官・乃木希典と軍司令部の参謀たちが無能だったためと読めるのですが、実際には、誰がやってもほとんど同じだったというのが実情です。旅順の強固な要塞を破壊できるだけの方法が日本側には大本営にもわかっていなかったのですし、何といっても、日本軍は遼陽決戦とバルチック艦隊来航予想から、準備不足の第三軍に作戦を急がせすぎたのです。戦争の作戦というものは、現場の状況を見た者が立案し、臨機応変に修正する必要があるものなのですが、旅順攻略戦の場合は、現場を見ない者が願望でスケジュールを先に決め、攻略のための物理的な条件（武器・弾薬・資材の集積）も整えてやらずに、そのスケジュールと条件にあわせて、もっともやりにくい形で現場が作戦を実施するというものでした。

バルチック艦隊のことは、陸軍を焦らせた最大の要因でしたが、大本営が当初に予想した早ければ一〇月には来航するという見込みは、まったくはずれました。現実には第三軍の旅順第一回総攻撃が頓挫した八月二四日に、ロシア政府は太平洋第二艦隊（バルチック艦隊）の派遣を最終的に決定し、ロシアのリバウ軍港を艦隊が出航するのはなんと一〇月一五日のことなのです。

八月二四日に第一回総攻撃が挫折した後、八月末に遼陽会戦が始まったため、旅順攻撃は中断されていましたが、遼陽会戦が終了したため、旅順でも九月一九日に攻撃が再開されましたが、依然として日本軍の大砲は威力不足で、二三日に日本軍の攻撃はまたもや中止されました。

ところが、一〇月にバルチック艦隊出航の情報が入ると、大本営はバルチック艦隊は一九〇五年一月、おそくとも二月には極東に到達すると予想し、その二カ月前には旅順攻略を果たすというスケジュールをあらためて立てました。つまり、一一月、どんなに遅くても一二月には旅順を落として旅順艦隊を無力化しないと、バルチック艦隊迎撃のための準備（艦艇の修理・兵員の訓練）に間に合わないと考えたのです。大本営と海軍は、またまた大いに焦り、第三軍に圧力をかけました。

陸軍は、砲兵火力の威力不足をようやく悟り、国内の要塞に据え付けられていた二八センチ榴弾砲一八門をはずして、大急ぎで旅順に運びました。また、その他の火砲を含めてなるべく砲弾の備蓄を進めるとともに、要塞爆破のための坑道の掘削準備を始めることを決めました。ところが、現実には日本本国の砲弾生産力に足をひっぱられて、遅々として弾薬の備蓄は進まず、一〇月中旬にいたっても、大砲の砲弾備蓄は一門あたり一〇〇発程度しかなかったのです。これは、本格的な総攻撃がおこなわれれば、一日で消費してしま

28センチ榴弾砲（旅順）

う量でした。

しかし、第三軍司令部は、大本営・満州軍総司令部の圧力と内外世論を意識して、たとえ準備が整わなくても総攻撃を開始することを決め、一〇月二六日、要塞攻撃の決め手となるはずの坑道掘削はまだできていなかったにもかかわらず、第二回総攻撃の開始を命じました。二八センチ榴弾砲は大きな破壊力を見せつけましたが、使用弾数も少なく、散発的な砲撃では十分な効果を発揮するまでにはいたりませんでした。また、その他の火砲はそもそも威力不足の上に、弾薬備蓄もすくなかったため、三一日の総攻撃は〈失敗〉に終わりました。参加兵力四万四一〇〇人のうち三八三〇人の死傷者（うち戦死一〇九二人）の損害がでました。

第一回総攻撃に比べると損害が少なくなったのは、第一回総攻撃の時のように歩兵部隊が長い距離を一直線に突撃するというやり方を避け、ロシア軍の堡塁の近くまで塹壕をジグザグに掘り進める「対壕作業」というやり方を採用したからですが、それでも最後は堡塁へ白兵突撃をすることに変わりはなかったため、堡塁に突入して占領することは難しかったのです。

一〇月の第二回総攻撃の失敗は、大本営と海軍をさらに焦らせました。バルチック艦隊は一二月にはマダガスカル島に集結し、一九〇五年一月にはいよいよ来航するであろうという情報が流れたからです。日本側は、諜報活動と欧米の新聞報道などによってバルチック艦隊がどこにいるのかの情報を常につかんでいたのですが、軍中央は、一番最悪（最速）のことを考えて、常に危機感を煽って旅順攻略を急がせました。そのため大本営は、一一月一一日、当時、国内に残っていた最後の師団である第七師団を第三軍に編入することを決め、早くも一三日には輸送が始まり、一九日には第七師団の先遣隊が遼東半島に上陸するという慌ただしさでした。また、二二日には、明治天皇から第三軍に対して速やかに旅順を攻略することを求める勅語が出され、第三軍司令部へのプレッシャーは最高潮に達しました。

一一月二六日、第三軍は第三回総攻撃を開始しました。この総攻撃も、失敗した第一回・第二回と同様に、旅順要塞北東正面に重点をおいた、中核堡塁を力ずくで占領しようとするものでした。第三軍司令部と満州軍総司令部は、とにかく正面攻撃で要塞を陥落させることに固執しました。しかし、この時点で、大本営は、もはや要塞陥落ではなく、旅順軍港にいる旅順艦隊を山越えで砲撃して無力化できればそれでよいと考えるようになり、旅順港を見下ろせる二〇三高地を占領するように第三軍に求めました。しかし、第三軍司令部と満州軍総司令部はあくまでも、要塞の中核堡塁部分を占領することにこだわりました。第三軍は「白襷隊」という白兵突撃の最後の切り札まで投入しましたが、二七日には総攻撃は頓挫してしまいました。

しかし、第三軍司令部は、作戦をやめるわけにはいかず、攻撃の重点を大本営が求めた二〇三高地へと転換して、新鋭戦力である第七師団を投入して総攻撃を続行しました。二〇三高地を日本軍が占領してはロシア軍に奪回されるという状況が続きました。ロシア軍は、一時的に二〇三高地から撤退しても、猛烈な砲撃を二〇三高地を占領している日本軍

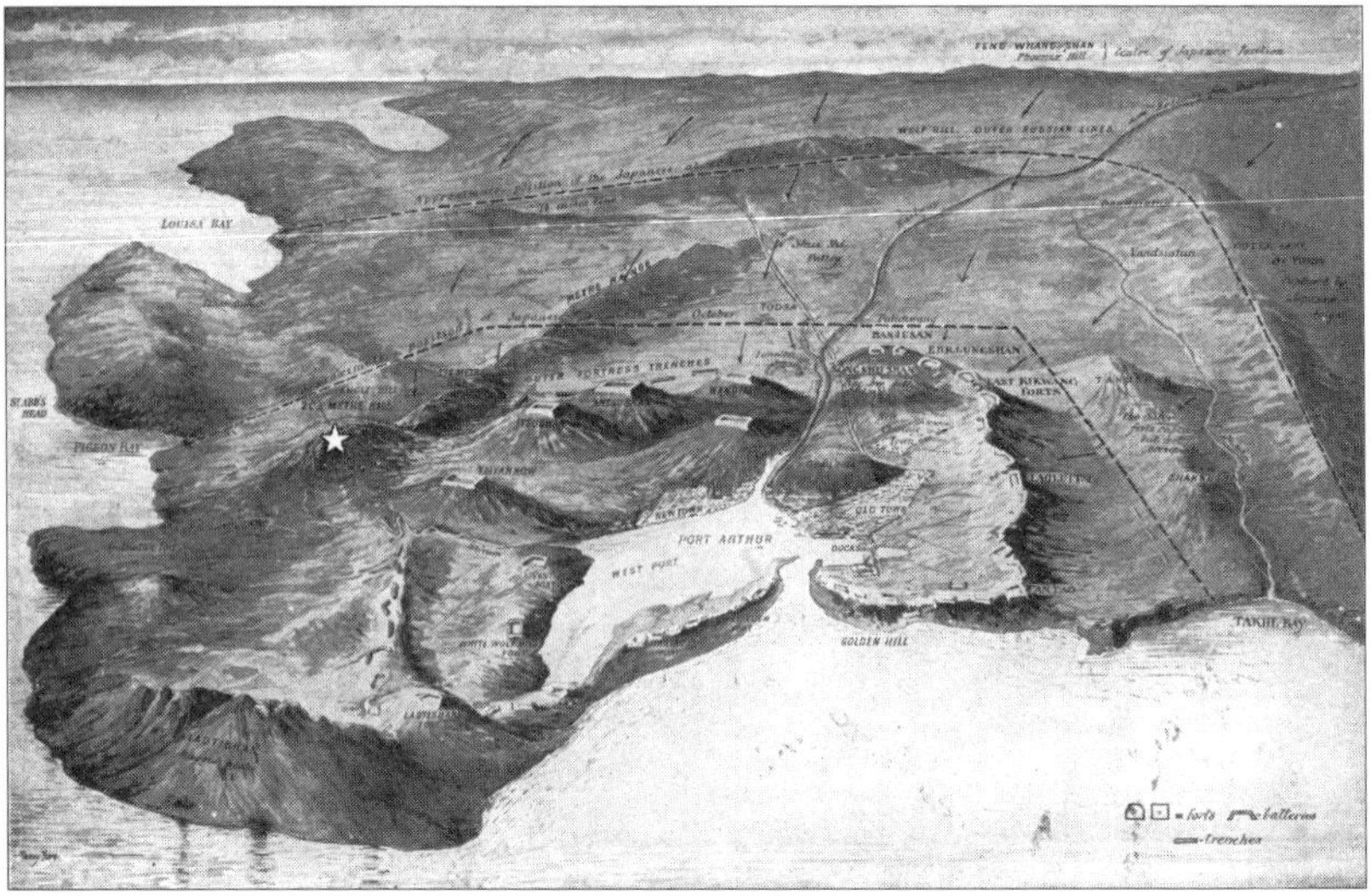

旅順港とロシア軍要塞の鳥瞰図。☆印は二〇三高地。

二〇三高地。手前は埋葬するために集められたロシア兵の遺体

守備部隊にあびせかけ、ロシア軍歩兵もすぐさま白兵突撃をおこなって高地を奪い返しました。日本軍が二〇三高地をなかなか確保できないのは、二〇三高地の背後にあるロシア軍陣地への徹底した砲撃ができなかったからですが、それには二八センチ榴弾砲を中心とする重砲部隊の陣地変換（大砲の据え付け位置の移動）が必要で、第三軍はそのような時間的余裕がないとしていました。

満州軍総司令部でも児玉総参謀長は、二〇三高地の占領こそが重要だとの考えにかわり、みずから第三軍司令部に乗り込み、乃木司令官の指揮権を児玉に委譲することを認めさせて、重砲部隊の陣地変換をおこない、みずから陣頭指揮をとって二〇三高地とその後方ロシア軍陣地への大規模な砲撃を実施しました。これが決め手となって一二月五日、ついに日本軍は二〇三高地を占領し、ロシア軍の逆襲も撃退しました。

『坂の上の雲』では、児玉源太郎が天才的な軍人として強調されていますが、児玉自身も第三回総攻撃が始まった時点では、二〇三高地ではなく、中核堡塁への力まかせの攻撃を支持していたのです。しかし確かに、状況を見極めて、二〇三高地へ攻撃重点の転換を決断し、二〇三高地背後のロシア軍陣地への重砲による砲撃をすぐさま実施させたことは、乃木や第三軍司令部の幕僚たちよりも児玉が優れていたことは確かです。

二〇三高地の占領によって、翌一二月六日から二八センチ砲と海軍一五センチ砲による旅順港内への観測砲撃がはじまり、旅順艦隊は無力化され、旅順要塞も一九〇五年一月一日に降伏しました。しかし、第三回総攻撃に参加した日本軍将兵六万四〇〇〇人のうち死傷者は一万六九三五人（戦死五〇五二人）に達しました。

一六一日におよんだ旅順攻防戦では、日本軍に一万五三九〇人の戦死者、四万三九一四人の負傷者、約三万人の疾病患者が出ました。日本軍は、旅順艦隊の撃滅・旅順要塞の攻略という目標を達成しましたが、それに払った犠牲はあまりにも大きなものでした。すでにふれたように、旅順での大きな〈失敗〉の原因は、現場の実情を無視した作戦スケジュールが立てられたことにあるわけで、バルチック艦隊の進行は、ロシア側の不手際で遅延に遅延を重ねたにもかかわらず、日本側は、すぐに来ることばかりを想定して、旅順要塞を早く落とせと第三軍に圧力をかけ続けたことにあります。

そのために、事前の準備もないままに、弾薬が十分蓄積できないうちから攻撃する、坑道などの掘削が進まないうちに作戦を開始して、大損害を被るということをくり返すのです。乃木希典にしてみれば、〈成功〉するだけの十分な条件を与えられないままで、作戦遂行を強要され、手の打ちようがなかったといえるでしょう。また、大山巖や児玉源太郎

旅順港内で自沈したロシアの砲艦「ギリヤーク」

ら満州軍総司令部も、北方作戦に気を取られるあまり、旅順への関心が希薄でしたし、旅順攻略のアイデアが最初からあったわけではありませんでした。

なお、二〇三高地を観測所としておこなわれた日本軍の砲撃によって軍港内の旅順艦隊が全滅したように書いてある本が多いのですが、日露戦後の日本側の調査によれば、旅順艦隊の艦艇はほとんどが損傷した上で、艦艇のキングストン弁を開いて自沈した状態であったことがわかっています（大江志乃夫『日露戦争の軍事史的研究』岩波書店、一九七六年）。これは、旅順軍港が日本軍に占領されても、軍艦を日本が捕獲してすぐに使用しないようにするためのロシア側の措置であったと考えられます。

※遼陽以降の陸戦における〈失敗〉

北部戦線では、八月末から九月初めにかけて遼陽会戦があり、その後、沙河、黒溝台、奉天と大規模な会戦が続きます。これらの会戦で日本側は土地の占領には〈成功〉します。確かに、ロシア軍を後退させ、土地を占領しているという観点からすれば、日本軍はこれらの陸戦において〈成功〉をおさめているといえます。しかし、日本軍にとって一番肝心な戦略目標であるロシア陸軍の主力に大打撃を与え、その兵力を減殺するということはいずれも達成できなかったのです。もともと、日本軍の戦略は、前述のようにロシア軍の主力に打撃を与え、相手が増援されるたびに、打ち破っていくというものでしたが、日本の占領地域が拡大したにもかかわらず、ロシア軍は常に増えつづけているのです。

ロシア軍に決定的な打撃が与えられなかった最大の原因は日本軍の銃砲弾不足、予備兵力不足、将兵の質・練度の低下でした。予備兵力をともなわない日本軍の無理な攻勢作戦は、いつも成功と失敗の紙一重のところであり、ロシア側の攻撃が連携がとれず、日本側の機動（退路遮断行動）に過敏に反応して退却をしたことで、結果的に日本軍が救われた場面が多かったといえます。日本軍はロシア軍をなんとか北方に押し返していったのですが、火力不足（銃砲弾不足）と予備兵力不足・将兵の質・練度の低下などからロシア野戦軍に決定的な打撃を与えることができず、次第に危険な状態に陥りつつありました。日本軍部隊は、各部隊連携によるロシア軍の退路遮断運動を常におこなったのですが、結局、大規模な包囲・殲滅戦には一度も成功しませんでした。

銃砲弾不足・予備兵力不足・練度低下のため、戦争の後半において日本軍はロシア軍に徹底的な打撃を与えることができませんでした。最大の陸戦であった奉天会戦でも、本当だったら奉天から撤退していくロシアの大軍に、追撃をかけたり、あるいは砲撃を加えて、徹底的な打撃を与えることが狙い目だったはずにもかかわらず、ロシア軍が奉天から撤退していくのを、日本軍は眺めているしかなかったのです。目の前にいるロシア軍を攻撃する砲弾も銃弾も欠乏し、なんとか奉天を確保はしたけれど、それ以上追撃することはできなかったのです。

日本陸軍の〈失敗〉のうち予備兵力不足と練度低下は、戦争が進むにつれて深刻化することは予想がつきました。しかし、銃砲弾の慢性的な欠乏は、あきらかに陸軍中央の見積もりの〈失敗〉に起因しています。日本の工業力（銃砲弾の製造技術と生産力）は、陸軍の作戦に根本的な制約を与えました。陸軍省は、開戦前の一九〇三年冬より東京・大阪の両砲兵工廠に徹夜の銃弾・砲弾製造を命じ、開戦後は民間工場も可能な限り動員しましたが、それでも全く弾薬の消費に追いつきませんでした。

陸軍中央部では、日清戦争などでの経験をもとに、近代におけるヨーロッパでの諸戦争での弾薬消費を研究してはいたのですが、一九〇四年二月、ドイツ・クルップ社東京駐在員からの砲弾販売要請に対して、陸軍兵器本廠は現有生産能力と外国への既発注分で十分であるので新規発注の必要なしと回答していました。火力主義にもとづく陸戦がどのような展開をみせるのか、陸軍中央は明らかに見通しを欠いていたといわざるをえません。

鴨緑江渡河作戦をすぎ、ロシア軍が構築した本格的な抵抗陣地帯に遭遇すると、日本側の弾薬消費見積もりは、大きく狂い出しました。たとえば、初めて本格的な遼東半島での地上戦となった一九〇四年五月の南山の戦闘では、日本軍は二日間に三万発の砲弾を消費したのですが、これは開戦前の見積りによる半年分、日本国内における砲弾生産量の三カ月分に相当しました（金子常規『兵器と戦術の世界史』原書房、一九七二年）。

開戦半年後、旅順第一回総攻撃（八月）、遼陽占領（九月）の頃には、陸軍の諸部隊は完全に砲弾欠乏状態に陥り、陸軍は急遽、独クルップ社・英アームストロング社へ四五万発の砲弾を発注しなければなりませんでした（谷寿夫『機密日露戦史』原書房、一九七一年）。これは戦争中の全消費砲弾の実に約四三％にあたる量です。この発注砲弾の日本到着は十二月以降と予定され、弾薬の備蓄ができるまでは、日本陸軍は大規模な作戦行動は全く不可能となりました。

だが、そうは言っても戦争は相手があることであり、日本側の砲弾の備蓄状況に対応して戦闘が起こるわけではありません。そのため、出先の日本軍が大いに期待したのは、ロシア軍側の大砲と砲弾を捕獲し、それによって日本軍の火力不足（砲数と弾薬双方の不足）を補うことでした。出先軍は、比較的多数の捕獲火砲を得た場合、これにマッチした砲弾を本国で製造、あるいは外国から購入して追送することを中央に要請しましたが、中央はそれをやると肝心の日本軍の制式火砲の弾薬補給がますます不十分になるので、捕獲火砲用の弾薬製造まではできない旨を伝えています。

一九〇四年一〇月の沙河の会戦などでは、ロシア側が後退戦術をとっても日本側は、砲弾不足のために組織的な追撃をすることができませんでした。一九〇五年三月の奉天会戦の際も、日本軍は眼前をロシア軍の大部隊が後退していくのを、砲弾不足のため見送るしか手がなかったのです。一般に、陸戦において、最も損害が出るのは、後退を始めた時に、相手側が火力をもって組織的に追撃し、後退側の統制の乱れと防御力手薄（すでに陣地を放棄しているので、第二線陣地までは銃砲弾に身をさらすことになる）に乗じた際なのですが、ロシア側はこの戦争で、日本側が徹底した追撃に移るだけの予備兵力と銃砲弾を保有していなかったことから、戦闘部隊に破滅的な大損害を受けることなく後退することができました。

多くの場合、陣地を放棄しての後退は、失敗すると一気に戦闘部隊の崩壊をまねくのですが、ロシア軍は、あまりそういった心配をすることなく、退却戦術を多用することができたといえます。もっとも、それがかえってロシア軍が損害と不利な態勢に陥ることに過敏なりすぎて、尚早に組織的後退を選択させる要因になったことも確かです。

また、砲弾と同じように小銃弾の欠乏も一九〇四年五月の南山の戦闘において早くも起こり、一九〇四年六月の得利寺の戦闘では、日本軍はロシア軍歩兵に対して投石しなければならないありさまでした。当時の兵士は両軍とも鉄帽（ヘルメット）をしていませんでしたので、投石でもある程度は効果があったのです。日本軍の一日あたりの歩兵一人の平均小銃発射弾数は、南山戦では八九発でしたが、得利寺戦では二五発へと低下、九月の遼陽戦では一一発へとさらに低下しています。その後も一〇月の沙河戦で一三発、一九〇五年一月黒溝台戦で一八発と低迷を続け、三月奉天戦ではわずか六発へと減少しました。これは会戦の規模（参加兵力数）が大きくなれば、必然的に一人当たりの平均発射弾数は低下するのですが、これは単にそういったレベルの問題ではなく、日本軍が意識的に銃弾消費を抑制しようとした結果でもありました。

日本の軍需工業力は、陸軍が、マニュアル通りのドイツ式火力主義を実行するには、あまりにも底が浅いものでした。そのため、前線の陸軍将兵は、『歩兵操典』通りの戦闘はおろか、常に弾薬の節約を図り、なるべく銃砲弾を使わないで作戦を遂行することを強いられたのです。

Ⅳ

日本海軍の戦略

――〈成功〉と〈失敗〉

1　日本海軍の基本戦略構想

※旅順艦隊早期撃滅作戦

日本海軍は最初、先手をとって、ロシアの太平洋艦隊（その主力は旅順艦隊）を撃滅、あるいは封じ込めることを狙いました。日本陸軍の前半の作戦は、すべて黄海の制海権を日本側が掌握しないとうまくいかないものでした。陸軍は朝鮮半島（仁川）と遼東半島（大連）に兵站基地（兵力と物資を上陸させ蓄積する拠点）を確保しなければ、主戦場である「満州」への輸送も戦闘部隊への補給もままならないわけです。そして、陸軍の兵力を北進させて、南部「満州」においてロシア軍主力と地上決戦をおこなうという構想です。陸戦で勝利を収めなければ、戦争を勝利に導くことはできません。

戦艦「朝日」

しかし、陸軍作戦全般を円滑に進めるためには、何と言っても黄海の制海権を握らなければならないというのが日本海軍の考え方でした。黄海の制海権を握るためには、ロシア太平洋艦隊、とりわけその主力である旅順艦隊を撃滅することがどうしても必要でした。そのため海軍の基本戦略は、全力をあげて旅順艦隊との決戦をおこないそれを撃滅する、あるいは旅順港内に封じ込めて無力化し黄海の制海権を握るとともに、その後、バルチック艦隊などの増援ロシア艦隊が派遣されれば、増援されるごとに撃破する——陸軍と同じように各個撃破するという考え方だったのです。

当時、列強の海軍力の主力は、最も重装甲・重武装の戦艦（排水量一万五〇〇〇トン前後、三〇センチ主砲四門・一五センチ副砲十数門装備）と快足・重武装の装甲巡洋艦（排水量一万トン前後、二〇センチ主砲四門・一五センチ副砲

装甲巡洋艦「出雲」

十数門装備）でした。
一九〇四（明治三七）年二月の開戦の時点で、ロシア海軍の太平洋艦隊は、戦艦七隻・装甲巡洋艦四隻を中心とする総排水量一八万五〇〇〇トンの戦力であったのに対して、日本海軍は、戦艦六隻・装甲巡洋艦六隻を中心とする総排水量二四万六〇〇〇トンでした（日本の装甲巡洋艦は開戦後二隻増加して八隻になりました）。
日本海軍は、兵器の面では、開戦時には、ロシア太平洋艦隊に比べて、戦艦数では六隻対七隻でやや劣勢であったものの、装甲巡洋艦をあわせれば一二隻（のち一四隻）対一一隻で、ほぼ互角か若干優勢な状態にありました【表6】。日本海軍は、それを生かして、まずロシア太平洋艦隊の主力である旅順艦隊を撃滅することを狙いました（なお、右記のロシア側戦力のうち装甲巡洋艦三隻がウラジオストクに常駐し、巡洋艦一隻が仁川に臨時に派遣されていました）。

表6：極東における日露海軍力の比較

日本海軍：連合艦隊（東郷平八郎中将）	
第1艦隊（東郷平八郎中将）	
第1戦隊（戦艦6）	三笠　朝日　初瀬　敷島　富士　八島　（春日　日進）＊
第3戦隊（巡洋艦4）	千歳　高砂　笠置　吉野
通報艦	龍田
駆逐隊	第一駆逐隊（駆逐艦4）、第二駆逐隊（駆逐艦4）、第三駆逐隊（駆逐艦3）
水雷艇隊	第一艇隊（水雷艇4）、第一四艇隊（水雷艇4）
第2艦隊（上村彦之丞中将）	
第2戦隊（装甲巡洋艦6）	出雲　磐手　浅間　常磐　八雲　吾妻
第4戦隊（巡洋艦4）	浪速　高千穂　新高　明石
通報艦	千早
駆逐隊	第四駆逐隊（駆逐艦4）、第五駆逐隊（駆逐艦4）
水雷艇隊	第九艇隊（水雷艇4）、第二〇艇隊（水雷艇4）
付属特務艦船	仮装巡洋艦17
第3艦隊（片岡七郎中将）	
第5戦隊（装甲海防艦1、海防艦3）	鎮遠　松島　橋立　厳島
第6戦隊（巡洋艦4）	秋津洲　和泉　須磨　千代田
第7戦隊（海防艦3、砲艦7）	扶桑　済遠　平遠　筑紫　海門　磐城　愛宕　摩耶　鳥海　宇治
通報艦	宮古
水雷艇隊	第一〇艇隊（水雷艇4）、第一一艇隊（水雷艇4）、第一六艇隊（水雷艇4）
付属特務艦船	豊橋　仮装巡洋艦1

＊春日・日進は、装甲巡洋艦で、1904年4月11日に編入された。

※戦艦6、装甲巡洋艦6、巡洋艦12、駆逐艦19、砲艦・駆逐艦・水雷艇などを加えて総排水量23万3200トン。

ロシア海軍：ロシア太平洋艦隊（スタルク中将）	
旅順艦隊（スタルク中将）	
戦艦7	ペトロパブロフスク　ツェザレウィッチ　レトヴィザン　ペレスウェート　ポビエダ　ポルタワ　セバストポリ
装甲巡洋艦1	バヤーン
巡洋艦8	バルラダ　ディヤーナ　アスコリド　ボヤーリン　ノーウィック　ザビヤーカ　ラズボイニク　ヅジギード
砲艦6	グレミヤンチー　アッワージヌイ　ギリヤーク　ボーブル　フサードニク　ガイダマーク
駆逐艦18	
仁川派遣隊（ルードネフ大佐）	
巡洋艦1	ワリヤーグ
砲艦1	コレーツ
ウラジオストク艦隊（エッセン少将）	
装甲巡洋艦3	ロシア　グロヌボイ　リューリック
巡洋艦1	ボガツイリ
水雷艇17	

※戦艦7、装甲巡洋艦4、巡洋艦10、駆逐艦25、砲艦・水雷艇などを加えて総排水量19万1000トン。

表７：開戦時の日露海軍力の比較

	新型戦艦	旧式戦艦 大型砲艦	装甲巡洋艦	巡洋艦	砲艦	駆逐艦	水雷艇	合計
日　本	6	1	8	15	8	19	26	83隻　246,233t
ロシア	10（7）	13（0）	4（4）	13（8）	9（6）	(18)	(17)	約120隻　510,000t (62隻　191,000t)

注：ロシア海軍の（　）内は開戦時の太平洋艦隊の戦力を示す。新型戦艦は、艦齢10年以内の1等戦艦、旧式戦艦・大型砲艦は2等・3等戦艦、装甲巡洋艦は1等巡洋艦、巡洋艦は2等・3等巡洋艦の合計を示す。出典：*Conway's All the World's Fighting Ships 1860-1905*（London,1979）より算出。

旅順艦隊撃滅のためには旅順港内にいる相手を誘い出して、日本側の戦力を集中してロシアの主力艦艇を撃滅する、あるいは相手が出てこなければ完全に旅順港を封鎖して、相手が出られないようにしてしまうという作戦を立て、黄海の制海権獲得をめざしました。旅順艦隊を撃滅すれば、ウラジオストク艦隊と仁川派遣隊は小兵力なので各個撃破も容易だとみられていました。

この先手を取ってロシア太平洋艦隊主力を撃滅する（あるいは封じ込める）という日本海軍の作戦は、緒戦において実現しなければなりませんでした。なぜなら、開戦後のなるべく早い時期に旅順艦隊を潰しておかなければ、黄海の制海権は確固たるものにはならず日本陸軍の大陸への兵力輸送は危険にさらされますし、なんといっても時間がたてば、ロシアがヨーロッパ方面から増援艦隊を極東に派遣することが予想されたからです。

ロシア海軍は、太平洋艦隊のほかにもバルチック艦隊と黒海艦隊をもち、その二艦隊をあわせれば、戦艦一六隻・巡洋艦一一隻を保有していました（【表7】一九〇四年二月の時点）。これらすべてが来航しなくても、たとえその半分（一艦隊）が押し寄せたとしても、旅順艦隊とその増援艦隊が合同してしまえば、兵力差からいって日本海軍に勝ち目はないように思われました。バルチック艦隊（あるいは黒海艦隊）が回航してくるには、出航してから極東到着までに最短で三カ月、遅くとも四カ月程度はかかるものと想定されていました。

海軍作戦における日本側の有利な点は、ロシア海軍が総兵力では日本側を大きく凌駕しているもののロシア側は戦力を太平洋艦隊・バルチック艦隊・黒海艦隊に三分割されていることでした。総排水量でロシア側は五一万トン、日本側は二四万六〇〇〇トン、戦艦数でロシア側二三隻、日本側六隻という開きがありましたが、国際的なパワーバランスを維持するためにロシアはヨーロッパの艦隊戦力のすべてを一挙に極東にまわすことは困難ですから、戦争の最初に連合艦隊とほぼ互角の戦力を有する旅順艦隊を撃滅できれば、その後、ロシア側が増援艦隊を派遣したとしても、それは日本海軍を大きく上回る規模のものではないでしょうから、なんとか対応できると考えられていました。

しかし、これはかなり冒険的な戦略構想でした。なぜなら、当時の日本では、まだ戦艦や装甲巡洋艦といった主力艦を、修理はともかく、自力でまるごと全部を建造することができなかったからです。もしもロシア太平洋艦隊を撃滅する段階で日本側に大きな損害が出てしまえば、とりわけ主力艦が失われれば、その穴をロシアの増援艦隊が来航するまでに補填することはきわめて難しかったのです。

日露戦争で使用した日本海軍の戦艦六隻はすべてイギリス製でしたし、装甲巡洋艦八隻のうち四隻はイギリス製、二隻はイタリア製、ドイツ製・フランス製が各一隻でした。このうちイタリア製の装甲巡洋艦「春日」「日進」はもともとはアルゼンチン海軍のために建造されていたものを、イギリスの仲介で日本が急遽、購入したもので開戦後、日本に到着しました。

もちろん、戦争中であっても、このように外国から軍艦を購入するということは可能でしたが、当然のことながらそれには莫大な費用が必要でした。たとえば、一九〇二年に完成した戦艦「三笠」一艦の購入価格は艦本体八八万ポンド、搭載兵器三二万ポンドの合計一二〇万ポンド、当時の日本円で約一二〇〇万円でした。当時の国家予算が約三億円ですから、たった一隻でその四パーセントにあたります。現在、日本の国家予算に占める軍事費の割合が六％前後であることを考えると、わずか一隻の戦艦の購入費用が国家予算の四％にも達するというのは、戦艦というものが実に高価なものであったことがわかりますし、戦時に急遽、それを購入するということが財政的にも非常に困難であることが推察されます。

したがって、戦艦や装甲巡洋艦を何隻も失ってしまえば、その補塡はきわめて難しいわけで、日本側がほとんど無傷で、ロシア太平洋艦隊を撃滅するか無力化（旅順港に封じ込めて）しなければならない、という無理を承知で戦争に踏み出さなければならなかったのです。

※日本海軍の基本戦略が成功するための条件

戦争開始と同時にロシア太平洋艦隊の主力である旅順艦隊を撃滅して黄海の制海権を確保して陸軍作戦を順調に進められる基盤をつくり、別途来航するロシアの増援艦隊を撃滅するという日本海軍の基本戦略が成功するためには、少なくとも二つの条件が整う必要がありました。その条件とは第一に、ロシア太平洋艦隊主力（旅順艦隊）が出撃して、日本艦隊との間に艦隊決戦が起こること、もしも旅順艦隊が出撃せずに、軍港に籠城して戦力温存を図った場合には、旅順港を完全に封鎖して旅順艦隊が外洋に出撃できないようにすること、第二に、その艦隊決戦（あるいは旅順閉塞作戦）に日本側がほとんど無傷で勝利（成功）することです。

第一の旅順艦隊の撃滅は、海軍だけではなく、日本軍全体の作戦の成否にかかわる重大な問題でした。日本海軍が当初に計画したことは、まず、戦争開始と同時に、ロシア太平洋艦隊の主力部隊である旅順艦隊が碇泊している旅順軍港に対して駆逐艦などの小艦艇で奇襲攻撃（魚雷攻撃）を加えて、旅順艦隊に大損害を与えてその戦力を減殺するとともに、報復意識にもえる旅順艦隊の出撃をうながし、外洋にひっぱり出して一挙に艦隊決戦に持ち込むということでした。

また、陸軍の朝鮮半島上陸を容易にするために、ロシア艦隊の仁川派遣隊（巡洋艦・砲艦各一隻）も初動において駆逐することを計画していました。ウラジオストク艦隊は、装甲巡洋艦三隻を擁するとは言っても、旅順艦隊に比べれば小戦力ですから、旅順艦隊を撃滅できれば、それほど憂慮すべき存在ではなく、各個に撃破できるはずでした。

もしも艦隊決戦が生起するならば、第一艦隊（司令長官・東郷平八郎中将）所属の第一戦隊・戦艦六隻と第二艦隊（司令長官・上村彦之丞中将）所属の第二戦隊・装甲巡洋艦六隻（のち八隻）の全てを結集して必勝を期するかまえでした。

旅順軍港の閉塞は、もしも旅順艦隊が全力をあげて出撃し、日本海軍との間に艦隊決戦がおこるならば不必要になる作戦です。しかし、旅順艦隊が、軍港にたてこもって戦力温存をはかって出撃しなかったり、艦隊決戦が生起してもある程度の戦力が残ってしまった場合には、これを実施する計画でした。軍港を閉塞するためには、港湾の出入口付近に機雷を敷設するか、艦船を沈没させて、艦艇の通航を不可能にさせる必要があります。連合艦隊の作戦参謀であった秋山真之は、彼自身が観戦した一八九八年の米西戦争でアメリカ海軍がスペイン側に対して軍港閉塞作戦を実施して成功した事例を見ていたため、それが可能であると考えていました。

そのため、連合艦隊は、最初に旅順港を奇襲攻撃しても旅順艦隊が出撃しない場合には、ただちに閉塞作戦に移れるようにある程度は準備を進めていたのですが、なんといっても、旅順艦隊が出撃し艦隊決戦が起こるに違いないという考えが強かったことは確かです。

第二の初動作戦で損害を小さくするということを実現するためには、なるべく戦艦・装甲巡洋艦は艦隊決戦の際まで温存しておいてここぞという時に集中して使用すること、旅順軍港への奇襲攻撃や旅順艦隊の誘い出しなどには駆逐艦・水雷艇などの艦艇を最前線に出して使用するということが考えられました。また、主力決戦においても、戦艦・装甲巡

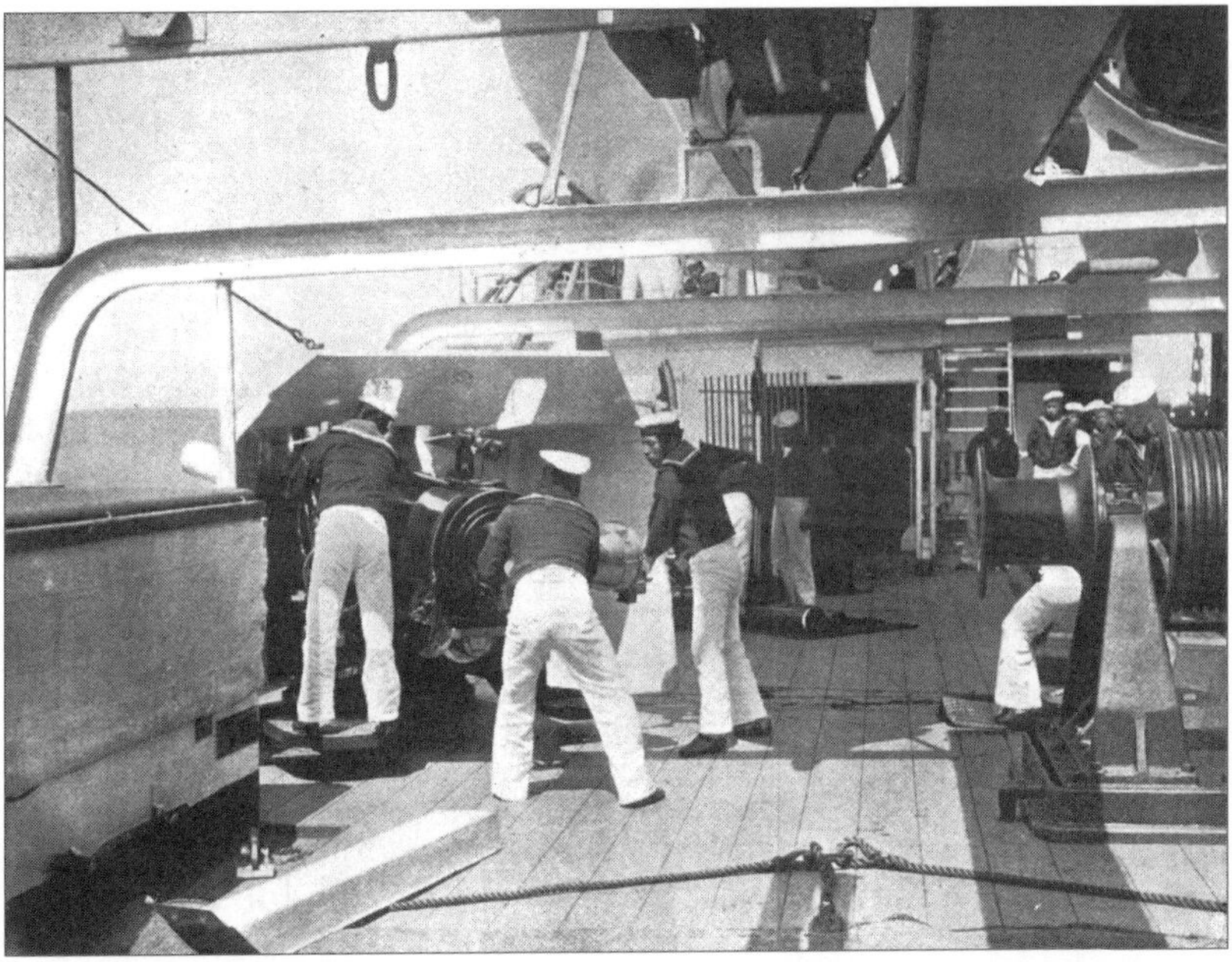
戦艦「八島」の副砲（口径15センチ）

洋艦による砲撃戦だけでなく、駆逐艦・水雷艇による水雷戦（魚雷＝魚形水雷、機雷＝機械水雷）を併用することが計画されました。

なお、当時の海戦における戦術では、かならずしも主砲（口径は戦艦三〇センチ、装甲巡洋艦二〇センチ）で敵艦を一挙に撃沈するということよりも、一艦あたり多数装備されていて発射速度が速い中口径の副砲（口径一五センチ前後）で相手側の艦艇になるべく多数の命中弾をあびせ、人員を殺傷することで敵艦の戦闘力を喪失させるということが重視されていました。

建造中の戦艦の衝角（ラム）

それは、一万トンを超すような重装甲の戦艦や装甲巡洋艦はそう簡単には砲撃だけでは沈没しないと考えられていたからです。そのため、当時の戦艦・装甲巡洋艦には艦首に体当たり用の衝角（ラム）がつけられていて、いざというときは衝撃（衝突）によって相手を沈没させることが考えられていました。ただし、艦艇の構造上は、衝撃という選択肢は存在したのですが、日本海軍は衝角を戦闘で使うことは想定せず、砲撃のみに頼りました。

2　日本海軍の戦略の〈失敗〉（戦争前半）

※旅順艦隊の早期撃滅・旅順港閉塞戦の〈失敗〉

日本海軍は開戦時に二つの作戦をほぼ同時に行いました。ひとつは一九〇四年二月八日（から九日にかけて）おこなわれた旅順港奇襲攻撃、もうひとつは二月九日の仁川沖海戦です。このうち、ロシア艦隊仁川派遣隊の駆逐をねらった仁川沖海戦においては、ロシア側の巡洋艦「ワリャーグ」・砲艦「コレーツ」の合計二隻に対して、日本側は装甲巡洋艦「浅間」と巡洋艦五隻・水雷艇八隻の合計一四隻の戦力を集中し、圧倒的な砲火をあびせかけ、ロシア艦二隻を自沈に追い込みました。

日本軍は、ロシア艦隊仁川派遣隊を撃滅するとともに仁川港を制圧し、陸軍の上陸と漢

駆逐艦「霞」

城（京城、現ソウル）制圧を進めました。開戦時の日本海軍のひとつの作戦は〈成功〉しましたが、もうひとつの旅順艦隊さそい出しをねらった肝心の旅順港奇襲作戦は〈失敗〉に終わりました。

前述したように、連合艦隊にとっては、開戦と同時に旅順艦隊に大打撃を与えること（そして黄海の制海権を握ること）こそ、日本軍全体の初動作戦を有利に展開できるかどうかの鍵を握る最も重要な作戦でした。そのため、連合艦隊は、まず旅順軍港に奇襲攻撃をかけて大きな損害をロシア艦隊に与え、反撃意欲に燃えるロシア艦隊を旅順から出撃させ、一挙に艦隊決戦に持ち込もうと計画したのです。

こうした構想に基づき連合艦隊は、仁川港攻撃に先立って駆逐艦による旅順軍港への夜間奇襲攻撃を実施しました。二月八日二三時、一一隻の駆逐艦（いずれも三〇〇トン程度の小型艦、魚雷二本搭載）は、ロシア側の意表をついて旅順港内に突入しましたが、駆逐艦「雷《いかづち》」と「朧《おぼろ》」が衝突するなどして陣形が混乱してしまい、なんとか各駆逐艦は魚雷を発射した上で反転して脱出したものの、ロシア側に大きな打撃を与えることはできませんでした。戦艦二隻と装甲巡洋艦一隻に魚雷は命中したものの、いずれもすぐに修理が可能な程度の損傷でした。

この旅順港に対する夜間奇襲攻撃は、日本側の損害こそ軽微であったものの、旅順艦隊に開戦と同時に大打撃を与えることには〈失敗〉しました。しかし、ロシア側に旅順軍港に碇泊していても危険であることを悟らせ、旅順艦隊を出撃させて、艦隊決戦にもちこむことの方が日本側が真にねらったところでした。

旅順艦隊の誘い出しのために、連合艦隊は、翌二月九日、第一戦隊（戦艦六隻）・第二戦隊（装甲巡洋艦五隻）・第三戦隊（巡洋艦三隻）を旅順港口に接近させて港内を砲撃させました。これは、前夜の駆逐隊の夜襲の混乱に乗じて、港内に停泊しているロシア艦隊を攻撃し、港外に誘い出して、それに打撃を与えるという日本側の計画に基づく攻撃でした。ところが、ロシア側は砲台と港内の停泊艦艇が砲撃によって反撃するばかりで、艦隊は港外へは出てきませんでした。当時、ロシア極東総督アレクセーエフと太平洋艦隊司令長官スタルク中将は、ロシア本国の増援艦隊が来るまでは持久し、戦力を温存する考えでした。

旅順港外の日本艦隊と港内ロシア艦隊・周辺砲台との砲撃戦は、およそ四〇分ほど続きましたが、「三笠」以下の日本艦隊もかなり被弾したため、攻撃は中止され、一〇日に連合艦隊は仁川港外へと撤収しました。

旅順艦隊が出てこないという事態は、日本軍を混乱させました。旅順艦隊が出てこなかったので、当然のことながらそれを撃滅することはできず、そのため戦艦七隻を擁する強大な旅順艦隊が、いつ何時出てくるかもしれないという危険な状況がずっと続いてしまい、黄海の制海権を確固たるものにするという日本軍全体の作戦構想の基礎の部分が動揺することになったのです。ただ結果的に、旅順艦隊が戦力温存策をとって出撃しなかったため、黄海の制海権は脅かされず、その後の陸軍の上陸作戦は〈成功〉することになるのですが、日本側にはそれがすぐにはわかりませんでしたから、戦々恐々とした状態が続きました。

旅順艦隊が出てこないという事態を憂慮した連合艦隊は、ただちに次の手、すなわち旅順港を閉塞して旅順艦隊を閉じこめてしまう作戦に着手しました。これは、旅順軍港と外海を結ぶ狭隘《きょうあい》部に複数の貨物船を進入させ、自爆・沈没させて軍港を閉塞してしまうことを狙ったものでした。

二月二〇日に旅順港閉塞作戦は開始され、有馬《ありま》良橘《りょうきつ》中佐らに指揮された「天津丸」「報

旅順港閉塞作戦を描いたイラスト

国丸」「仁川丸」「武陽丸」「武州丸」の五隻の商船は、二四日四時一五分、暗夜を利用して旅順港口に突入をはかりました。

しかし、ロシア側がサーチライトを照射し、要塞の砲台から反撃して閉塞部隊の進入を妨害したため、五隻のうち三隻は予定外の場所で座礁してしまい、二隻はほぼ予定の位置で自爆・沈没したのですが、旅順港を閉塞することはできませんでした。

作戦の目的は達することができませんでしたが、この第一次閉塞作戦に従事した日本海軍の将兵は、商船の座礁・沈没後、手はず通りに水雷艇などによって全員無事に帰還することができました。旅順港閉塞部隊は、よく「決死隊」のように書かれることがあり、実

平壌の外港・鎮南浦に近い大同江河口付近へ上陸する日本軍

際に隊員はそういう心構えでしたが、商船を所定の場所に沈めた後、隊員は帰還できるようあらかじめ手がうたれていました。

旅順港の閉塞が失敗したということは、依然として黄海の制海権は確保できていないということでしたが、陸軍は、予定通り第一軍による韓国平壌の外港・鎮南浦に近い大同江河口付近への上陸作戦を強行し、三月一〇日に第一軍主力が上陸しました。

そのため、連合艦隊は、旅順艦隊が妨害行動に出られないように、主力艦隊による旅順港砲撃を三月九日から一〇日にかけておこないました。広島宇品《うじな》港から大同江河口への第一軍の輸送は三月末まで続いたため、連合艦隊は三月二一日にも旅順艦隊砲撃を実施するとともに、二七日に、第二次閉塞作戦を実施しました。「千代丸」「福井丸」「弥彦《やひこ》丸」「米山《よねやま》丸」の四隻を前回同様に港口に突入させましたが、いずれも効果的な場所に沈没させることができず、またしても閉塞作戦は〈失敗〉に終わりました。そして、閉塞が失敗に終わっただけでなく、「福井丸」の指揮官・広瀬武夫少佐が戦死するという人的損害まで出してしまいました。

あくまでも旅順軍港の閉塞をねらう連合艦隊は、二月と三月の二度の〈失敗〉にもかかわらず、五月の第二軍の遼東半島上陸を成功させるために三回目の閉塞作戦をやりました。五月一日、閉塞用の一二隻の老朽商船「新発田丸」「小倉丸」「朝顔丸」「三河丸」「遠江丸」「釜山丸」「江戸丸」「長門丸」「小樽丸」「佐倉丸」「相模丸」「愛国丸」と護衛艦艇は作戦を始め、二日夜（から三日にかけて）、旅順港への突入を図りました。すでに第二軍の上陸作戦は四日に実施されることが決まっていましたので、悪天候であるにもかかわらず、作戦は強行されました。しかし風波が激しく、商船沈没後の閉塞部隊員の収容が困難であると判断されたため、指揮官は二二時、作戦中止を命じましたが、命令が徹底せず、三日二時頃に八隻が突入してしまいました。結局、これら八隻も視界不良で目的地点に到達することできず、三度目の閉塞作戦も〈失敗〉におわりました。この時は、波浪のために水雷艇による閉塞隊員の収容も困難をきわめ、突入した八隻の隊員一五八名のうち無事収容されたのは四三名で、収容されたが死傷した者二四名、行方不明九一名に達するという惨憺たる結果になりました。

このように一九〇四年二月・三月・五月の三回にわたって強行された旅順港閉塞作戦は、「軍神・広瀬中佐」の軍国美談を生んだものの、人的犠牲のみ多く、作戦としてはまったくの〈失敗〉に終わりました。

❊旅順近海での連合艦隊の苦戦

連合艦隊が旅順港閉塞戦を繰り返していた頃、旅順軍港に閉じこもっていた旅順艦隊に変化がありました。ロシア政府は、旅順艦隊が積極作戦を展開しないことに業を煮やし、三月八日、戦力温存主義をとる太平洋艦隊司令長官スタルク中将を解任し、代わって積極論者マカロフ中将を新司令長官に任命したのです。まだ、ロシア軍が南北に分断される前だったので、本国から着任したマカロフは、旅順艦隊出撃準備を進めました。そして、四月一三日、マカロフ司令長官は、前司令長官の戦力温存方針を一八〇度転換して、自ら旗

マカロフ中将が乗った旗艦「ペトロパブロフスク」が
爆沈する様子を描いたイラスト

艦「ペトロパブロフスク」（一万一三五〇トン）に乗って、同型戦艦「ポルタワ」や装甲巡洋艦「バヤーン」などを率いて旅順港から出撃したのです。

ついに、旅順艦隊と日本の連合艦隊の間の一大艦隊決戦が起こるかに見えました。ところが、旅順港外で突如、「ペトロパブロフスク」は大爆発を起こし、あっという間に沈没してしまったのです。これは、日本側が前日にひそかに敷設した機雷によるもので、旗艦の瞬時の沈没によってマカロフ司令長官と約七〇〇人の乗組員が戦死しました。

マカロフの戦死はロシア側に大きな衝撃を与え、司令長官を失った旅順艦隊は、ふたたび旅順軍港に立て籠ることになりました。開戦二カ月にして、連合艦隊はようやく仁川沖海戦以来の戦果をあげましたが、実はこの後、たいへんな苦戦を強いられることになるのです。

前述したように、五月の第二軍の遼東半島上陸にあわせておこなわれた三回目の旅順港閉塞戦は〈失敗〉におわったのですが、連合艦隊は、依然として旅順艦隊を封じ込め、あわよくばそれに打撃をあたえようと旅順港近海での作戦行動を続けていました。しかし、海上から艦艇が陸上基地（軍港）を攻撃する際には、どうしても似たようなコースを通ることが多くなり、ロシア側に察知され、ロシア側が仕掛けた機雷による被害が急増したのです。

四月のロシア艦隊旗艦の触雷沈没とまったく逆のことが五月になって頻発しました。五月一二日には水雷艇四八号が、一四日には通報艦「宮古」が、そして一五日には戦艦「初瀬」（一万五〇〇〇トン）と戦艦「八島」（一万二三二〇トン）が、一七日には駆逐艦「暁」が立て続けに触雷・沈没したのです。とりわけ、六隻しか保有していない戦艦のうち二隻「初瀬」「八島」を一挙に失ったことは、日本海軍にとってとりかえしのつかない大打撃でした。さらに、同じ頃、一四日には巡洋艦「吉野」と新鋭の装甲巡洋艦「春日」が衝突し

日本軍によって回収されたロシア軍の機雷

て「吉野」が沈没、一六日にも砲艦「大島」と砲艦「赤城」が衝突して「大島」が沈没するなど、重大な事故が頻発しました。

日本海軍は、ロシア旅順艦隊に有効な打撃が与えられないまま（いまだ黄海の制海権を完全に掌握できないまま）に、艦隊決戦もおこなわないにもかかわらず戦艦二隻を喪失するという重大な〈失敗〉を犯してしまったのです。なるべく、戦艦・装甲巡洋艦の損害を少なくしておこうという日本側の目論見ははずれ、開戦以来三カ月にして危機に直面することになったのです。日本海軍の戦艦は四隻となりましたが、ロシア側は旅順艦隊だけでまだ六隻の戦艦を保有していました。

開戦以来、ロシア太平洋艦隊の主力である旅順艦隊は戦艦六隻（開戦時は七隻）・装甲巡洋艦一隻の大きな戦力を有しながら、艦隊としてはほとんど日本側に打撃を与えられないでいました。当初、戦力温存主義をとっていたアレクセーエフ極東総督（極東陸海軍総司令官）はみずからの旅順脱出後には積極論に転じ、六月一一日、ウィトゲフト臨時司令長官（戦死したマカロフ司令長官の後任）に、活動を封じ込められている旅順艦隊をウラジオストクに回航するように命じました。そのため、旅順艦隊は二三日早朝、戦艦六隻を中心に大部分の艦艇が旅順港から出撃しました。

日本側は、旅順監視中の第一駆逐隊がこれを発見して、旅順近海の裏長山《うらちょうざん》列島で待機していた連合艦隊主力が九時に出動しました。連合艦隊はロシア艦隊の予想進路上に待ち伏せたのですが、旅順艦隊は旅順近海での機雷警戒などのために進行が非常に遅れ、ようやく両艦隊が接触したのは一八時でした。連合艦隊は、従来からの計画通り「T字戦法」をとるためにロシア艦隊の進路をさえぎる形で航行し、ロシアの先頭艦に砲撃を集中しようとしました。

ところが、旅順艦隊は日本側の「T字戦法」への誘導にのらず、一斉に日本艦隊と逆方向に回頭し、全速力で旅順港へと向かいました。日本側は追跡しましたが、追いつけず、結局、旅順艦隊は全艦、旅順港に戻ってしまいました。この未発でおわった海戦では、ロ

上村艦隊とウラジオストク艦隊をモデルに「Ｔ字戦法」を描いたイラスト

シア側も旅順脱出に〈失敗〉しましたが、日本側も秋山真之らがこだわった「Ｔ字戦法」に持ち込むことに〈失敗〉し、艦隊決戦において計画通りの態勢に持ち込むことの難しさを痛感させられることになりました。自分（日本側）にとって有利な態勢は、当然のことながら相手（ロシア側）にとって不利な態勢となるわけで、そう簡単に、計算通りの有利な態勢である「Ｔ字戦法」は実現できなかったのです。

その後、八月七日になって、今度はロシア皇帝ニコライ二世が、旅順艦隊のウラジオストク回航を命じました。そのため、旅順艦隊の戦艦六隻・巡洋艦四隻・駆逐艦八隻は一〇日早朝、再度出撃しました。旅順艦隊出撃の情報に、旅順近くの円島付近にいた東郷司令長官は、ただ

被弾した跡が見える旅順艦隊の旗艦「ツェザレウィチ」の艦橋付近

ちに連合艦隊全艦に出動を命じました。一二時三〇分、旅順艦隊を発見した連合艦隊は、六月には戦闘直前にロシア艦隊に逃げられたことから、やや旅順側にまわりこむコースをとって、旅順艦隊を外洋に誘い出す作戦をとりました。

しかし、旅順艦隊は今度は、一気にウラジオストクをめざして急行したため、日本側はロシア艦隊に引き離され、後ろから追跡するかたちになりました。この黄海海戦において日本艦隊は、全速力で五時間近くロシア艦隊を追跡した結果、ようやく一七時三〇分頃になってロシア艦隊に追いつきました。砲撃戦が一時間あまり続いた末、一八時三五分、連合艦隊旗艦「三笠」が放った三〇センチ主砲弾が、ロシア艦隊旗艦「ツェザレウィチ」の艦橋付近に命中、ウィトゲフト司令長官は戦死しました。旅順艦隊は司令長官と幕僚多数を失い、統制がとれなくなって四分五裂しました。

以後、ロシア側は、各艦がバラバラに行動し、戦艦五隻・巡洋艦一隻・駆逐艦四隻は旅順にもどり、戦艦一隻（旗艦）と駆逐艦三隻は中国の膠州湾に、巡洋艦一隻・駆逐艦一隻は上海に、巡洋艦一隻がサイゴンにそれぞれ逃れましたが寄港先で武装解除され、巡洋艦ノーウィックはいったん太平洋にでて津軽海峡を通過してウラジオストクに向かおうとしましたが樺太で座礁しました。結局、出撃した旅順艦隊一八隻のうち、一〇隻は旅順にもどり、その他八隻は戦力としては失われ、ウラジオストクには一隻もたどり着けませんでした。

この黄海海戦は、旅順艦隊のウラジオストク行きを阻止したという点では戦略的には日本側の勝利といえますし、出撃したロシア艦隊一八隻のうち戦艦一隻・巡洋艦三隻・駆逐艦四隻の合計八隻を喪失（他国へ逃走し武装解除されるか座礁）させたという点でも日本側の勝利といえるものでした。しかし、日本側は艦艇の喪失もなかった反面、旅順艦隊を四分五裂状態に追い込みながらも、戦闘では一隻も撃沈できなかったという点で、戦術的には多くの〈失敗〉を重ねてしまった海戦でした。それまで連合艦隊が計画してきた「T字戦法」に持ち込むことから始まる戦闘方法（砲火の集中の仕方、戦果を拡張する追撃の方法など）に大きな課題を残したといえます。

また、何といっても、旅順艦隊が減少したとはいっても、戦艦五隻・装甲巡洋艦一隻・巡洋艦一隻という強力な戦力（装甲巡洋艦は七月に触雷損傷したため出撃していなかった）が維持されたということは、依然として黄海の制海権に不安を残す結果となりました。また、残存戦力といえどもロシアの増援艦隊（バルチック艦隊）と合流すれば非常に危険な存在になることは間違いありませんでした。黄海海戦で旅順艦隊を撃滅できなかったことで、陸軍（第三軍）による旅順要塞攻略はどうしても成功させないわけにはいかなくなりました。

※ウラジオストク艦隊のゲリラ戦

日本側の苦戦は、旅順近海だけではありませんでした。旅順艦隊は積極的な行動をとりませんでしたが、日本側が小戦力であるとしてあまり警戒していなかったウラジオストク艦隊（装甲巡洋艦「ロシア」「グロムボイ」「リューリック」の三隻・巡洋艦一隻を基幹）は非常に活発な行動を続け、しばしば日本側の輸送活動を妨害していました。

開戦直後の一九〇四年二月一一日には津軽半島沖で「名古浦丸」が、四月二五日には韓国元山沖で「金州丸」（三九六七総トン〈注〉）が、六月一五日には玄界灘で「常陸《ひたち》丸」（六一七二総トン）「和泉丸」が撃沈され、「佐渡丸」が損害をうけました。このうち「常陸丸」は陸軍運送船で、乗船していた後備近衛歩兵第一連隊の連隊長をはじめとする陸軍の将校が降伏を拒否して自決したのをはじめ一〇六三名の乗組員・兵士が死亡、船長をはじめとするイギリス人三名も死亡するという大惨事となりました（救助されたのはわずかに三七名でした）。また、ウラジオストク艦隊は、六月三〇日には元山港沖に現れて艦砲射撃をおこない、七月二〇日には津軽海峡を抜けて太平洋沿岸を南下して東京湾口に出現、この間に「高島丸」など五隻を立て続けに撃沈したのです。

連合艦隊は、装甲巡洋艦を主体とした第二艦隊（司令長官・上村彦之丞中将）をこのウラジオストク艦隊の追跡にあてていましたが、ウラジオストク艦隊は神出鬼没で、日本海せましと暴れ回り、それを捕捉することはなかなか困難でした。そもそも第二艦隊は、艦隊決戦の際には第一艦隊と共同して行動することが求められていたのですが、通常は対馬海峡以東の日本海全域の警備を任務としており、広大な海域に出没するウラジオストク艦隊を捕捉することは至難の業といえました。ウラジオストク艦隊のゲリラ的な輸送路破壊戦は、しばしば新聞でも報道されましたので、世論は激昂し、上村司令長官は「無能」「露探」（ロシアのスパイ）などと非難され、自宅に石が投げ込まれたり、「切腹勧告状」が送られてくるといったことまで起こりました。

少数のウラジオストク艦隊のゲリラ戦を抑えきれず、日本海軍は海上交通路の保護という点でおおきな〈失敗〉を重ねてしまいました。

〈注〉一般に艦船の大きさを示す場合に「何トン」という単位を使いますが、軍艦の場合の「トン」は排水量といって純粋にその艦の重量を指します（排水量にも基準排水量と満載排水量があります）。一方、商船の場合の「トン」には積載トンや総トンという単位が使われ、積載トンは「何トン」の積み荷が積めるかという積み荷の重量を示す単位、総トンは商船の容積を示す単位で、一〇〇立方フィート（二・八三立方メートル）を一総トンと換算します。

3 日本海軍の戦略の〈成功〉（戦争後半）

※転換点としての蔚山《ウルサン》沖海戦

日露戦争の開戦以来、日本海軍は、旅順艦隊が予想外の戦力温存策をとったため、なかなかそれに決定的な打撃が与えられず、他方でウラジオストク艦隊のゲリラ戦によって悩まされ続けていました。旅順艦隊が積極的に出てこなかったために、陸軍の大陸への兵力輸送は概ね順調に進みましたが、それでも小勢力と侮っていたウラジオストク艦隊によってしばしば海上交通路が脅かされました。

戦争前半の日本海軍は、仁川沖海戦と旅順港外の機雷戦によるロシア戦艦一隻撃沈を除いては、それほど大きな〈成功〉はなく、旅順港奇襲攻撃と旅順港閉塞戦の〈失敗〉、旅順港外での機雷戦による「初瀬」「八島」の二戦艦の喪失、黄海海戦における旅順艦隊の取り逃がしなど、むしろさまざまな〈失敗〉を重ねることでじわじわと戦力を喪失していました。ただし、〈失敗〉という点ではロシア艦隊側の方がより大きな〈失敗〉を重ねたために、結果的に日本近海の制海権は概ね日本側が掌握することになっていました。

戦争の前半においては、日本海軍はなかなか目論見通りには作戦が進まず、予定した「T字戦法」に誘い込む日本側の作戦にロシア側は乗ってきませんでした。また、艦隊決戦になりかかった黄海海戦でも「T字戦法」には持ち込めず、その後の砲戦においても、ロシア側に一定の打撃を与えたものの、ロシア側軍艦を一隻も撃沈することができませんでした。陸軍の場合、あらかじめ準備万端ととのえた既定の作戦はだいたいうまく行ったのに対して、海軍の場合、その逆に、あらかじめ想定していた既定の作戦はほとんどがうまくいかなかったのです。戦争前半の連合艦隊は、旅順艦隊の消極作戦に戸惑い、ウラジオストク艦隊の積極作戦に翻弄される結果となりました。想定したような艦隊決戦に持ち込めず、しだいに時間ばかりがすぎてしまい、連合艦隊司令部はおおいに焦っていました。

しかしながら、戦争前半の日本海軍の不振・〈失敗〉をようやく晴らす場面が一九〇四年八月、黄海海戦の直後に訪れます。八月一四日の蔚山沖海戦です。一〇日の黄海海戦は、

ウラジオストク艦隊の装甲巡洋艦「リューリック」

日本側にとってはすっきりしない「勝利」でしたが、この黄海海戦は、日本側にとってのもう一つの悩みの種であったウラジオストク艦隊を誘い出すという思わぬ副産物を産み出したのです。

旅順艦隊が八月一〇日に出撃した際、ウラジオストク艦隊も旅順艦隊を支援するために朝鮮海峡にむけて出動したのです。エッセン少将率いる装甲巡洋艦「ロシア」（一万二六七五トン）・「グロムボイ」（一万二三二〇トン）・「リューリック」（一万一六九〇トン）は、それぞれ二〇センチ砲四門、一五センチ砲一六門を有する強力な軍艦で、その快速と航続力を生かして、日本近海の海上交通線を脅かし続けてきました【写真17】。

ウラジオストク艦隊の捜索活動をつづけてい

図3：蔚山沖海戦の図

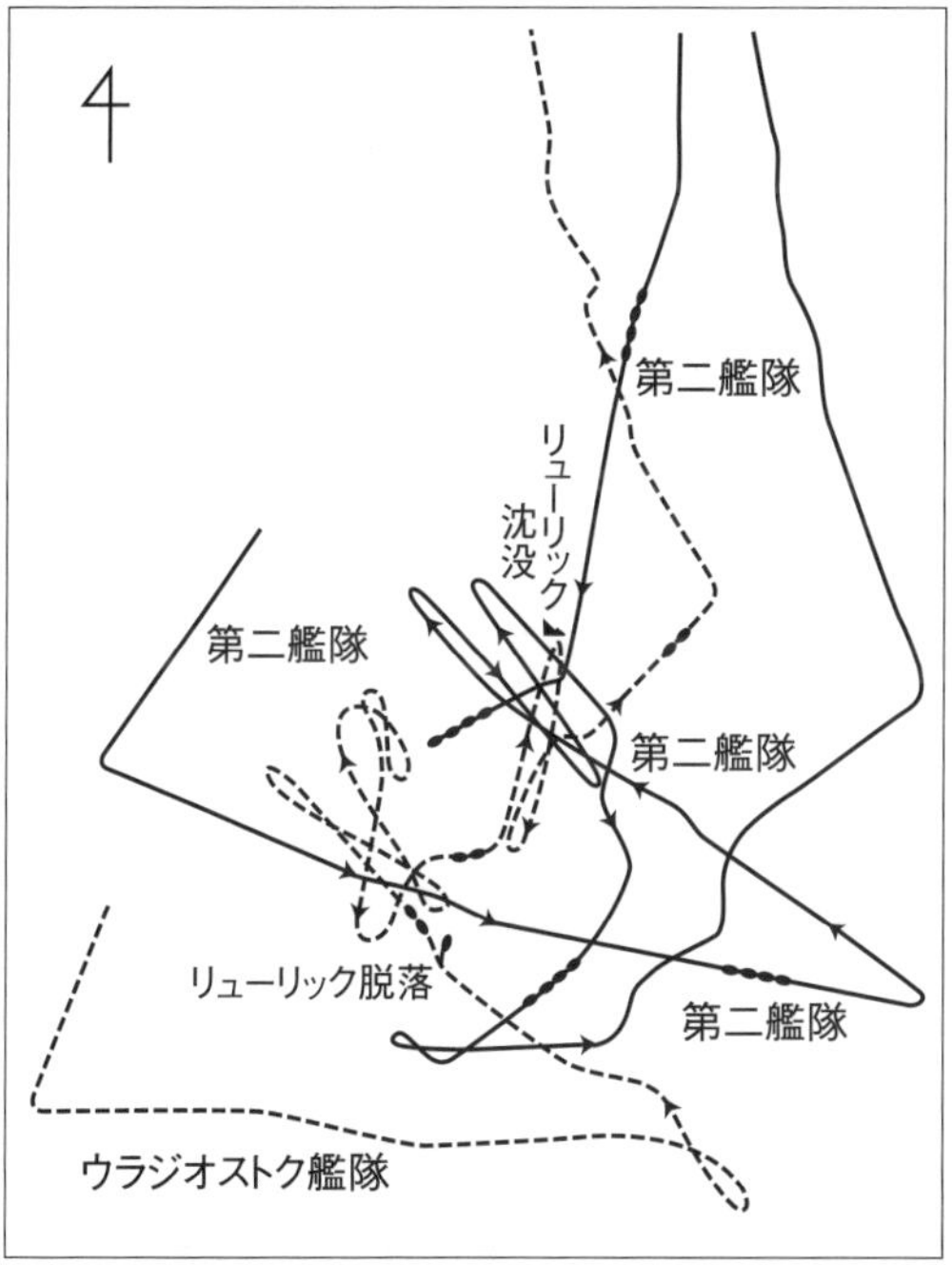

出典：田村幸策・監修『写真集・日露戦争』（国書刊行会）87ページ掲載の図を元に作成。

た第二艦隊は八月一四日五時、ついに韓国の日本海側・蔚山沖でウラジオストク艦隊の三隻を発見しました。この時、現場に急行した第二艦隊は、第二戦隊の装甲巡洋艦「出雲《いずも》」「磐手《いわて》」（いずれも九七五〇トン）、「吾妻《あづま》」（九三〇七トン）、「常磐《ときわ》」（九七〇〇トン）の四隻で、いずれも二〇センチ砲四門、一五センチ砲一四門（「吾妻」のみ一二門）を有し、二〇ノット以上の速力を出すことができる艦でした。ロシア側は、「ロシア」・「グロムボイ」が二〇ノットの速力をだせましたが、「リューリック」が一八ノット台でした。

艦隊の戦闘は、最も船脚の遅い艦にあわせて行動せざるをえないので、日本側は艦数（四隻対三隻）・砲数（一五センチ砲以上で七〇門対六〇門）でやや優勢であるとともに、快速性においても有利であったといえます。なお、第二戦隊には、これら四隻のほかに「浅間《あさま》」「八雲《やくも》」の二隻の装甲巡洋艦が配属されていたのですが、この二隻は東郷平八郎司令長官の要請で黄海海戦に参加させたため、蔚山沖には出動できませんでした。

第二艦隊とウラジオストク艦隊との砲撃戦は、日本側が初めて「T字戦法」【図3】にもちこんだ後、両艦隊が並航する形でおこなわれ、五時間にわたる戦闘で、「リューリック」がついに沈没、「ロシア」・「グロムボイ」の二艦は、再三再四、反転して、落伍した「リューリック」を救援しようとしましたが、二艦とも第二艦隊の砲撃によって大損害を受けました。第二艦隊は、砲弾が尽きて二艦の追撃を断念しましたが、上村司令長官は、沈没した「リューリック」のロシア兵の救助を命じて六二六名（乗組員八一七名）を救助したとされています。「ロシア」・「グロムボイ」の二艦は、なんとかウラジオストクに逃れましたが、人員の損害と艦の損傷が激しく、ここにウラジオストク艦隊は壊滅しました。

この蔚山沖海戦において、日本海軍は、海上戦闘において初めてロシアの主力艦（装甲巡洋艦）一隻を撃沈することに成功しました。また、日本近海の海上交通路を脅かしてきたウラジオストク艦隊の壊滅によって、連合艦隊は第二艦隊をウラジオストク艦隊捜索に振り向ける必要がなくなり、旅順艦隊だけを封じ込めておけばよくなったので、負担が大いに軽減されることになりました。

蔚山沖海戦は、排水量一万トンを超える大型艦といえども、集中的な砲撃を受けることによって沈むことを世界的に立証した海戦となりました。日本海軍も、ここで初めて教訓を得て、その教訓がのちの一九〇五年五月の日本海海戦で生かされ、遅れてやってきたバルチック艦隊を壊滅させることになるのです。その意味でもこの蔚山沖海戦は日本海軍にとっての一つの大きな転換点でもありました。

『坂の上の雲』では、天才的な参謀である秋山真之が、なんでも最初から先を見通して立案していたかのような書き方をしています。しかし、東郷平八郎司令長官・島村速雄参謀長・秋山真之参謀が指揮した黄海海戦での〈失敗〉（旅順艦隊主力をとり逃がし、しかも一隻も撃沈できず）と、上村彦之丞司令長官・加藤友三郎参謀長が指揮した蔚山沖海戦での〈成功〉に学んだからこそ、日本海海戦の〈成功〉はあったといえます。蔚山沖海戦の勝利は、これまでのように「T字戦法」だけにこだわらず、敵艦と同航（並航）しつつ、複数の艦が特定の敵艦に砲撃を集中するという方法を取ったことによって得られたものでした。この〈成功〉を生んだ現場には、東郷平八郎も秋山真之も共にいなかったのです。

※日本海海戦の真実

日本海海戦は〈成功〉ではありましたが、必ずしもその真相が伝えられたわけではありません。たとえば、日本海海戦では海戦の冒頭に「T字戦法」が成功したと言われています。しかし、実際には連合艦隊が予定していた「T字戦法」は使われなかったのです。もともとの作戦では、機雷を海に投じて、無理やりロシア艦隊のコースを変えさせるという作戦だったのですが、「天気晴朗なれども波高し」という天候では、機雷を海中に投げ込めば逆に自軍の艦隊をも危険にすると、その作戦は中止されるのです。しかし、臨機応変な対応で、結果として「T字戦法」と似たような態勢から、同航戦（同じ方向に並航しながらの戦闘）にもっていくことができ〈成功〉するのです。そのことを、のちに日本海軍は、あらかじめ考えていた作戦で勝利したと総括し、戦術至上主義に陥っていくのですが、実際は、必ずしもそうではなかったのです。

日本海海戦は、日本側は蔚山沖海戦での経験を総括し、十分な訓練と艦艇の整備をおこなってのぞんだ海戦でした。それに対してロシア艦隊は、約七カ月にわたる航海で、艦艇も傷み、組織的な訓練もできず、しかも上海沖で最後の給炭をおこない、水兵たちは疲労が極度に達していた状態で日本海海戦が起きます。その結果、大きな差が出てしまったのです。

日本海海戦は海戦史上まれに見るワンサイドゲームでした。対馬海峡とその北東海域で一九〇五年五月二七日・二八日の二日間にわたって展開された海戦で、ロシア太平洋第二・第三艦隊（通称「バルチック艦隊」）の戦闘艦艇二九隻（特務船・仮装巡洋艦・病院船を含めると三八隻）のうち、戦艦六隻・巡洋艦四隻など一五隻（特務船・仮装巡洋艦を含めると一九隻）が撃沈され、戦艦二隻をふくむ五隻が捕獲され、戦場離脱後に沈没したもの二隻、外国で抑留されたもの四隻（特務船を含めると七隻）、目的地のウラジオストク軍港に到着したのは巡洋艦一隻・駆逐艦二隻のわずか三隻にすぎなかったのです。

ロシア艦隊が戦死約五〇〇〇人、捕虜六一〇六人を出して壊滅したのにたいし、日本艦隊はほとんどの軍艦が損傷し、死傷者約七〇〇人の損害を受けたものの、沈没したのは水雷艇三隻だけでした。

この海戦で日本艦隊がとった戦法は、ロシア艦隊の混乱もあって大きな効果を上げました。つまり、敵艦隊の進路前方を一列縦隊でふさぐ「T字戦法」は予定したようには実現

図4：日本海海戦の図（開始時1905年5月27日13:30〜14:30）

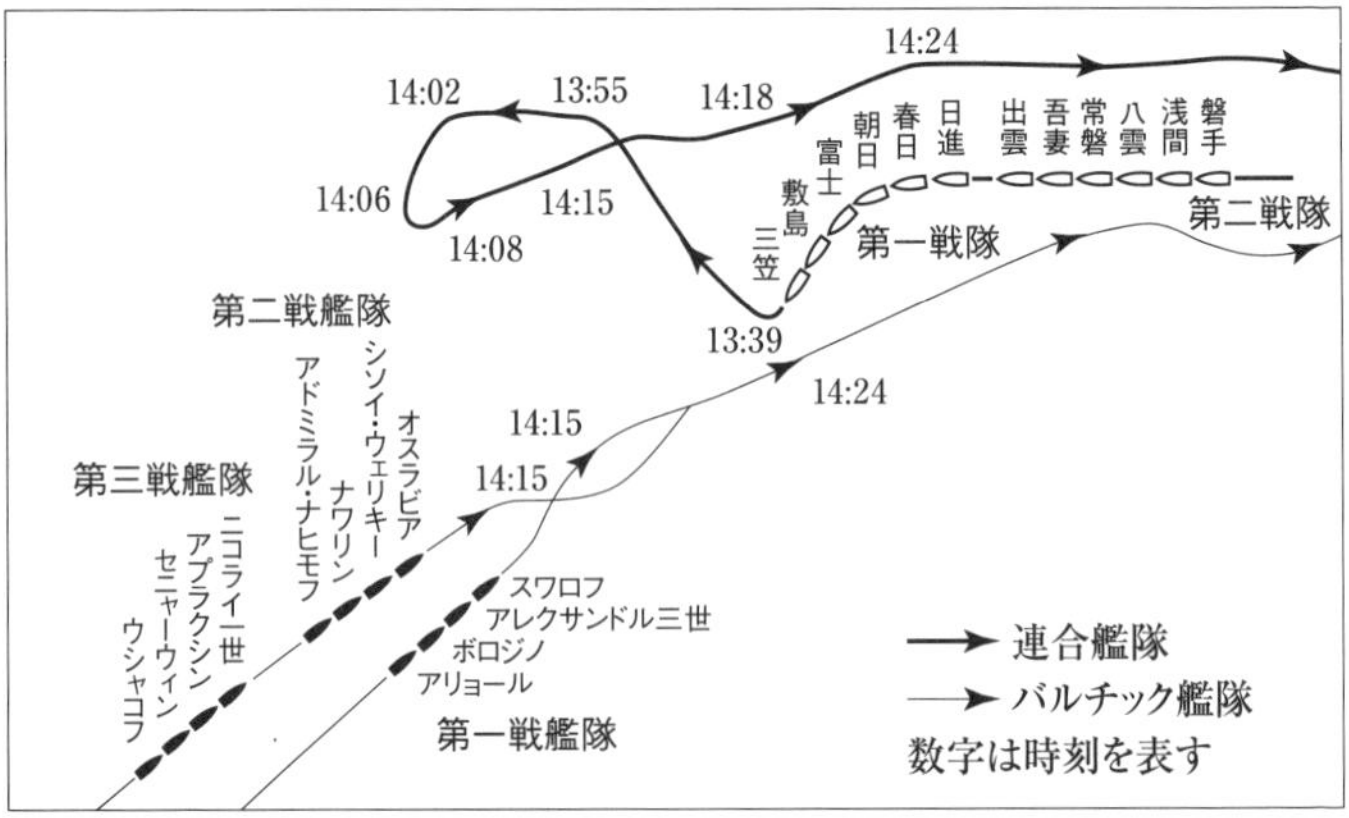

出典：山田朗著『世界史の中の日露戦争』（吉川弘文館）182頁掲載の図を元に作成。

しませんでしたが、砲弾の先頭艦への集中から始まり、指揮官（東郷平八郎大将）座乗の旗艦を先頭とする各艦一列縦隊＝単縦陣の同航戦、水雷艇による残敵掃討というやり方は、さまざまな錯誤はあったものの、全体としては、日本側の攻撃力を効率よくロシア艦隊に集中させ、つねにロシア側を受け身に立たせました【図4】。

　大艦隊による海戦が、このような一方的な勝利でおわることはめずらしいことです。しかし、両艦隊の戦力データを比較検討すれば、日本側が勝利をおさめたのは、むしろ順当といえるのです。そもそもこの海戦は、日本艦隊にとって有利な条件が数多くそろっていました。逆に、ロシア艦隊はきわめて不利な状態で戦闘に突入したのです。

　まず、ロシア艦隊は、一九〇四年一〇月にバルト

図5：バルチック艦隊の航路

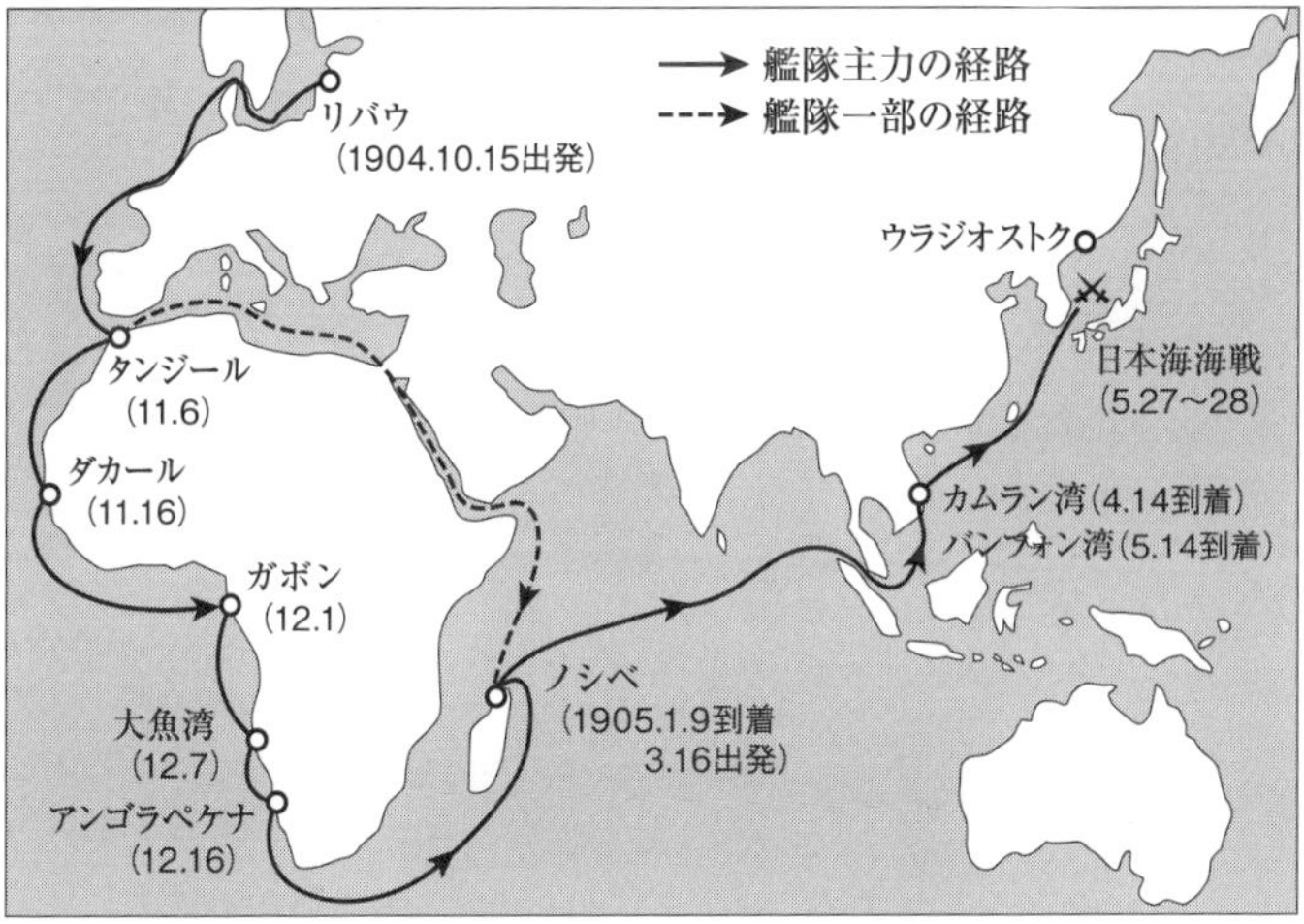

出典：山田朗著『世界史の中の日露戦争』（吉川弘文館）167頁掲載の図を元に作成。

海のリバウ軍港を出発し、のべ三万キロ・七カ月の航海をへて、極度に疲労しており、途中に寄港できるロシアの植民地や同盟国もなく、将兵の士気は低下し、艦隊内では小暴動が頻発していました。日本側は、ロシア艦隊の寄港状況から、いつ頃日本近海に到着するかをつかんでおり、事前に、艦艇の整備と将兵の訓練を十分におこなうことができ、準備万端ととのえた上で、海戦にのぞむことができました【図5】。

対馬沖に出動した日本艦隊（連合艦隊）は、戦艦四隻・装甲巡洋艦八隻を基幹とし、水雷艇四一隻を含む戦闘艦艇合計九〇隻、二五センチ以上の大砲合計二四門を有していたのに対して、来航したロシア艦隊は、戦艦八隻・

表8：日本海海戦における日露両艦隊の戦力比較

【艦種と艦数】

	日本	ロシア	日／露
戦　艦	4	8（うち旧式3）	0.50
装甲巡洋艦	8	3	2.67
巡洋艦・海防艦	16	9	1.78
駆逐艦	21	9	2.33
水雷艇	41	0	
合　計	90	29	3.10

【口径別総砲数と毎分発射弾数】

8～12インチ砲（20～30センチ砲）

総　砲　数	51	58	0.88
1門あたりの毎分発射弾数	1	0.33	3.00
毎分発射総弾数	51	19	2.68

4.7～6インチ砲（12～15センチ砲）

総　砲　数	307	187	1.64
1門あたりの毎分発射弾数	2	1.5	1.33
毎分発射総弾数	614	281	2.19

4.7インチ（12センチ）以上の砲合計

総　砲　数	358	245	1.46
1門あたりの毎分発射弾数	1.9	1.2	1.58
毎分発射総弾数	665	294	2.22

出典：総砲数は、黛治夫『海軍砲戦史談』（原書房、1972年）155頁、1門あたりの毎分発射弾数は、I・I・ロストーノフ編（及川朝雄訳）『ソ連から見た日露戦争』（原書房、1980年）344頁より作成。

装甲巡洋艦三隻を基幹とし、戦闘艦艇合計二九隻、二五センチ以上の大砲合計三三門でした【表8】。ロシア艦隊は、主力艦数・巨砲数においてやや優勢でしたが、艦隊内に新旧雑多な艦艇を含んでおり、一五センチ前後の中口径砲数と発射間隔時間などを総合した艦隊の全体的な砲戦力においては日本艦隊にかなり劣っていました。

日本艦隊の毎分発射弾数は二〇センチ砲以上でロシア艦隊の二・六八倍、一二センチ砲以上で二・二二倍と圧倒していました。日本艦隊は、大砲の発射速度で優勢であっただけでなく、各艦ごとに艦橋からの砲術長の指示・命令で一斉射撃（一斉撃ち方）をおこなったのに対し、ロシア艦隊は各艦の各大砲がそれぞれに射撃したために、弾着の確認、射撃のデータの修正という点で格差を生じ、結果として命中率に大きな開きが出たのです。それまでの実戦経験を活かしきった日本側と実戦経験のほとんどないロシア側との格差でもありました。また、炸薬に「下瀬火薬」（ピクリン酸）を使った日本側砲弾は、非常に鋭敏に反応する伊集院信管との併用とあいまって、ロシア側の人員殺傷に威力を発揮し、ロシア艦の戦闘力を急速に低下させせました。

また、防御力を双方の新鋭戦艦について比較しても、ロシア戦艦にくらべて、イギリス製の日本戦艦は、重装甲で、防御力において優れていました。また、ロシア艦隊は新旧雑多な艦種の混成部隊であり、海戦にあたっては、速力の遅い艦に足を引っ張られて統制ある行動がとりにくかったという事情もあります。日本艦隊の戦艦・装甲巡洋艦の平均速力は一九ノットでしたが、旧式艦を含むロシア艦隊は一六・六ノットで、さらに燃料（石炭）の過積載で鈍重化しており、これまた日本側が格段に優勢でした。

おわりに
――『坂の上の雲』の歴史認識の危うさ

※歴史上の人物になりきる司馬遼太郎の技法

司馬遼太郎さんの『坂の上の雲』は確かによくできた小説です。司馬さんの小説全体に言えることですが、登場人物のキャラクターの設定が、まったくのノンフィクションということでも、すべてがフィクションであるということでもなく、史実・史料にもとづいた部分も相当ふくまれ、もちろん小説ですからフィクションが適度に混ざりあいながらつくられています。『坂の上の雲』は、もともと新聞連載が元になった小説なので、例えば秋山真之とはこういう人物だったという性格規定をしばしばおこないます。本を読むと、同じような表現で、秋山真之や明石元二郎はこういう人物だったという言い方が随所に出てきます。すると読み手は、次第次第に秋山や明石はこういう人物だと理解するようになります。

そして小説ですから、その人物が、本当は言わなかったことでも、言いそうなこと、言ったに違いないと想像されるような台詞がつくられて書かれています。あらかじめ、この人物はこういう性格なのだということが読者の頭に擦り込まれているので、そのような発言が出てきても、不自然さ、違和感なく読めるというわけです。司馬遼太郎さんは、たぶんいかに自分が歴史上の人物になり切るかということについて苦心して小説を書かれたのだと思います。

私は大学の文学部日本史学専攻で教えていますので、入学してくる学生も日本史が好きという人が大半です。面接などで学生に「今までどんな《歴史の本》を読んだことがありますか」と聞くと、返ってくる答えには、『竜馬がゆく』や『燃えよ剣』、『坂の上の雲』というのが多いです。学生たちは司馬さんの小説を《歴史の本》として、そこには史実が書かれていると認識していることが多いわけです。私の授業でも講義の後などで「先生、明石元二郎はその時にこんなふうに言ったんですよ」と教えてくれる学生がいますが、たいていそれは明石元二郎が言ったのではなく、司馬遼太郎さんが言っているのです。それくらい自然に司馬さんの小説世界に引き込まれてしまうのです。

創作された部分が入ることは、小説であればそれは当たり前のことであり、歴史家である私が文句を言う筋合いのものではありません。テレビドラマでも、当然同じ手法がとられることになります。実際に歴史上の人物がどんなことを言ったのかはわからない(ことが多い)のが当たり前です。時代が古くなればなるほど正確な情報はわからないし、近代でもわからないことは数限りなくあります。この人物はこういう性格だということを強く印象づけられていると、その台詞が本当の発言に聞こえてきます。さらに映像化されると視聴者は、その流れのなかでそこに写されたドラマが本当の歴史であるかのように見てしまいます。

※映像化にともなう危険性

しかも映像化されたものには、いっそうのインパクトがあります。本当は見たこともないことも、イメージ化されて提示されるからです。例えば、大河ドラマで繰り返し戦国時代が描かれますが、戦国時代の実際の合戦など誰も見たことがないのに、見たような気になり、戦国時代の合戦はこういうものだというイメージがその人なりにできあがります。

しかし、実像はその映像化されたイメージと違うと指摘する歴史学者もいます。戦国時代の合戦は、接近して刀で斬り合うといったことはほとんどおこなわれず、弓矢（のち鉄砲）などの飛び道具が中心だったようです。鉄砲が急速に普及するのも、弓よりも鉄砲は兵隊の養成に時間がかからないため、また、なるべく離れて戦いたいという心理にかなう武器であったために、急速に弓矢にとってかわったのです。

江戸時代に、「飛び道具は卑怯なり」という新たな「武士道」がつくられたために、戦国時代も接近戦で刀と槍で戦っていたと思われがちです。たしかに槍は使われていましたが、刀を使うのは、たたかいの最後で、刀は首を取る道具だったようです。大河ドラマでは合戦シーンは、いきなり両軍が刀で渡り合うように描かれることがありますが、実際は遠いところから弓を射、鉄砲を撃ち合うのが普通の形だったのです。

この合戦のイメージは、日露戦争によって、日本ではもともと槍や刀で斬り合う白兵戦を重視していたという「伝統」が形成されることによって、形づくられていきます。本当の戦国時代の姿が打ち消され、接近戦で刀で斬り合うというようなイメージが定着していくのです。日露戦争前後に、参謀本部の編纂で『日本戦史』という戦国時代の合戦を描いた本がつくられますが、この本は、あまりいい史料を使って書かれてはおらず、江戸時代の講談本のようなものまでが元になっていたりします。

しかし参謀本部という「戦争のプロ」が編纂したことで、権威づけられます。この『日本戦史』が元になって、さまざまな歴史小説が書かれ、それが映像化されるのです。つまり、日本陸軍の都合にあわせてつくられた合戦のイメージに基づいて映像化がおこなわれて、私たちは戦国時代の合戦を見たような気になっているのです。

今回の『坂の上の雲』では、日本海海戦や奉天会戦などの大規模な陸戦を、これまで映像化できなかったようなシーンまでＣＧ技術を使って映像化されることが予想されます。史実にフィクションを交えたものが、一人歩きをはじめ、それがもとになって新たな歴史認識が形成されていく危険性は軽視できません。テレビドラマや映画は、そこで提示される映像が圧倒的な印象を視聴者に与えます。小説ならば、同じ文章を読んでも、読み手の知識や感性によって、異なったイメージが描かれるということもあるのですが、映像は、細部に渡って作られたイメージが提示されるわけですから、小説よりも画一性のある印象を与えてしまいます。そこが映像化の影響力の大きさであり、恐ろしさでもありますので、歴史研究の立場からも注視したいと思います。

※明治と昭和の連続性を軽視する司馬史観

司馬遼太郎さんの歴史認識には、明治は〈成功〉の時代でその頂点は日露戦争、昭和は〈失敗〉の時代でその頂点が太平洋戦争というものがあります。司馬さんの個人的体験でも、学徒出陣で、本土決戦のための戦車兵だったことがあり、そのことをエッセーにも書かれています。昭和の戦争に対して、批判的な検討やコメントがたくさんあり、同時代人の共感を生みました。

しかし、昭和の戦争、日中戦争以降の戦争の無謀さや侵略性への発言と、常に対になっている明治の戦争については、かなり実像に近いところまで描かれてはいますが、明治時代の人間の目で再現しようとしたがために、逆に同時代人には見えなかった国際的な政治力学――日本の後ろにイギリスがあったこと、イギリスやアメリカの思惑の中で戦っていたことなど――が希薄になっています。その時代の人になり切って歴史を描こうとした司馬さんの作品は、そこに歴史叙述としての限界性があるのです。

私たちは、現代人の目で日露戦争は何であったのかを見ることが必要です。当時の一般の日本人には見えなかった、主権線と利益線の発想が、朝鮮半島を確保し、併合して植民地にしてしまったこと、さらにそのことが、その外側に新たな利益線が必要になり、大陸への膨張がその後とまらなくなっていくこと、などを見ていく必要があるのです。

さらには、当時の明治の国家の指導者たちは、列強とのいろいろな利害調整をおこなっているのですが、それは決してアジア代表で交渉したということではなく、欧米列強のアジア支配を容認することを大前提にしての議論にすぎません。そういう日本の姿は、後に消されてしまう歴史です。アジア太平洋戦争に近づけば近づくほど、日露戦争は欧米のアジア支配を打ち破るための戦争だったのだという位置づけがなされてしまいますし、現在でもそういった歴史観を焼き直している人もいます。

司馬さんは、巧みにさまざまな視点を導入して、作品をつくっています。かなり庶民に近いところからの目線で書いたものもありますが、『坂の上の雲』など、児玉源太郎ら当時の国家や軍指導者たちの視線で書くものも多く、従ってその時代の国家指導者たちの目で歴史をとらえてしまうのです。大国どおしのいろいろな駆け引きや妥協などのパワーポリティクス、植民地支配を是とする考え方などには、批判の観点は当然薄いわけです。国家指導層の認識した状況、選択した戦略以外の部分は見えにくいし、近代日本の膨張戦略をなかなか客観視できないのです。

実際、日露戦争は、当時は主観的意図としては祖国防衛戦争、自衛戦争という名目でおこなわれるのですが、考えて見れば、自分の国のはるか外側で「自衛戦争」がおこなわれるというのはおかしなことです。しかし当時の日本人は「自衛戦争」を常に外側でやることを当たり前と思ってしまっていました。これは日中戦争でも同じです。日本の領土や領海という概念からはるかに離れたところで戦争が起こっても、それは日本を守るための戦争だと考える明治時代の発想、主権線と利益線の戦略発想への批判的な視点はありません。

※作られた歴史と歴史の真実

本書で見てきたように、日露戦争は国際的な政治力学のなかで、つまり世界的な英露対立という基本的な対立構造のなかに日本が組み込まれた結果起きた戦争です。日本だけから見ると、日本が主体的にロシアの南下をくいとめるために立ち上がった戦争のように見えてしまいます。

問題は、この日露戦争が、その後日本人にどう受けとめられたのか、ということです。

日露戦争は、ここで述べたように実際には〈失敗〉の連続であったのですが、その〈失敗〉面はほとんど例外なく隠され、「〈失敗〉ではなかった」と言いかえられました。例えば、銃弾・砲弾がなくて困った話は、「弾がなくてもたたかえる日本軍」という話にすり変えられてしまうのです。もちろん、弾がなくても戦える軍隊などありません。あるいは、ロシア軍になるべく大きな打撃を与え、相手が多いという状況をつくらないという日本軍の戦略は〈成功〉せず、土地は占領したが、常に相手が多いという危険な状況に陥りました。

しかし、それが日露戦争後には、日本軍とはもともと少数精鋭主義で、小兵力で大兵力を打ち破るのが日本軍の戦い方だという総括になってしまいます。これが、戦国時代の桶狭間の合戦まで引き合いに出し、少数勢力が奇襲攻撃によって大兵力を打ち負かす戦いをしなければならないとまで言われるようになるのです。小兵力が大兵力を打ち破るなどは稀にしか起きない、戦争の歴史のなかで言えばいわば例外事項です。それを常に実現するのが日本軍であるという総括になっていくのです。

なぜそうなるのか。それはその作戦をやった人たちが総括し、自分たちのやったことは基本的に間違いではなかったと〈失敗〉を認めないからです。逆にこれが日本には合っているのだと言う。たとえばドイツ流火力主義で始まった日本陸軍の作戦は、火力がない、つまり弾がないもとで、日本軍には白兵突撃、銃剣突撃が向いているのだという総括になるのです。戦国時代からずっと伝統的に白兵主義だったとまで言うようになります。

逆に〈成功〉した真の原因は秘密にしておこうとされます。しかも秘密にしておくうちに、自分たちのなかでも伝わらなくなる。部隊の相互の連携を図る情報伝達に最新のテクノロジーを駆使するという、それがなければ少数である日本軍が大兵力であるロシア軍を相手に戦えっこなかった〈成功〉のポイントは、おのおのの部隊が勇敢に戦ったから勝てたのだという話になってしまいました。ここには論功行賞がからんでいたこともあるのだと思います。各部隊が相互に連携して戦った、とするよりも、この部隊が、この指揮官が頑張ったとした方が、論功行賞には便利だからです。

一番〈失敗〉した事例では、亡くなった人を《軍神》にしてしまったことです。《軍神》広瀬中佐や橘中佐などが、〈失敗〉事例の典型です。それこそ非常に優秀だった広瀬中佐を失った旅順閉塞戦などは、本来、作戦を立案、強行した幹部は批判されてしかるべきであるにもかかわらず、戦死者を《軍神》にすることで批判を封じ込めていきます。

その後も、アジア太平洋戦争に至るまで、《軍神》が生まれた事例というのは、ほぼ〈失敗〉事例です。何らかの形で〈失敗〉を公にしないための措置が、戦死した人を《軍神》にしてしまう、というやり方です。そのおおもとがこの日露戦争でつくられたのだと思います。

そういう意味で日露戦争は、日本軍の《伝統》をつくってしまいました。歴史学では「伝統の創造」と言いますが、もともとの古いものが残されるのが《伝統》ではなくて、必要に応じて《伝統》はつくられるのです。《伝統》や〈神話〉が創作されたために、戦争がおわってしばらくたつと、日露戦争の真の姿、歴史の真実は忘れ去られてしまい日露戦争を戦った人たちは、それなりに苦労したわけですが、その後、日露戦争をテキストとして学んだ後の軍人たちは、本当の日露戦争のポイント——何が〈成功〉で何が〈失敗〉かということをおさえられないまま、勇戦力闘の〈神話〉を戦争の真の姿と思い込んでしまったのです。

アジア太平洋戦争を戦った日本軍の上級幹部の大半は、日露戦争時は、陸軍士官学校や海軍兵学校の生徒であったり、ほんの少し実戦を経験したという世代の人たちで、ほとんどは「勉強して」日露戦争を学んだ人たちです。そのとき軍のなかでも日露戦争の本当のことは伝わっていなかったのです。アジア太平洋戦争中、例えばガダルカナル攻防戦のときに、大本営のなかでは、「旅順のときはもっと多くの犠牲がでてもたたかった」「なぜ、もっと頑張れないのか」といった会話が平気でなされているのです。日露戦争は、どんなに犠牲が多くてもかわまないという考え方を定着させるなど、犠牲に対する軍人の感覚を麻痺させてしまったのです。

本来、戦略・作戦はなるべく犠牲を少なく目標を達成できるようにつくられるはずです。しかし、日露戦争の、とくに旅順攻防戦が批判的に検討されなかったために、犠牲はつきもので、むしろ犠牲は将軍や参謀の勲章のように扱われる風潮をつくってしまいました。大きく日露戦争の総括を誤ってしまったことが、その後の日本の悲劇をつくりだす大きな要因になったのです。

＊　＊

私は日本近現代史とりわけ戦争や天皇制を研究・教育の専門にしていることもあって、以前から戦争・植民地支配・歴史認識に関する講演を依頼されることはありました。しかし、二〇〇九年の一〇月頃から「『坂の上の雲』と日露戦争の真実」といったタイトルで講演を頼まれることがめっきり増えました。これは、明らかにＮＨＫのスペシャルドラマ「坂の上の雲」の影響です。

本書は、私が二〇〇九年以降に各地でおこなった『坂の上の雲』と日露戦争に関係するいくつかの講演録や講演レジュメをもとに、もう一度、講演の口調を再現して文章としてまとめたものです。『坂の上の雲』とそのテレビドラマでは、つかむことができない〈日露戦争の真実〉について、主として〈日本陸海軍の成功と失敗〉という観点から、なるべく骨太に叙述したつもりです。

本書の中でも指摘しましたが、『坂の上の雲』は戦前以来の日露戦争の〈神話〉のいくつかを破壊することで、新たな日露戦争のイメージを作り上げました。たとえば、旅順要塞攻略戦を指揮した乃木希典とその第三軍司令部がいかに無能であったかということを前面の押し出した『坂の上の雲』の叙述は、「乃木大将は立派な軍人だった」という戦前以来の〈神話〉とも言えるイメージをみごとに崩壊させました。

しかし、『坂の上の雲』は、戦前以来の日本軍と文部省が公認してきた〈神話〉を破壊した反面、新たな〈神話〉を作ってしまいました。連合艦隊参謀・秋山真之と満州軍総参謀長・児玉源太郎の天才的な働きがその代表的なものでしょう。秋山真之も児玉源太郎も、有能な軍人であったことは確かですが、本書で描いたように、日本海軍の戦争前半期の作戦は〈失敗〉につぐ〈失敗〉でしたし、日本海軍が初めてロシア海軍の主力艦クラスの軍艦を砲撃戦によって撃沈した、決定的な場面（蔚山沖海戦）には秋山も東郷平八郎もいなかったのです。また、児玉源太郎にしてみても、彼に旅順要塞攻略の具体的なアイディアが最初からあったわけではありません。

もう一つ、『坂の上の雲』の大きな問題点は、〈ロシア脅威論〉という明治国家の指導者たちの強迫観念を、現実の脅威として描いてしまったことです。〈ロシア脅威論〉にもとづく日露戦争叙述は、どうしても自衛戦争論へと傾斜してしまいます。そして、自衛戦争論が、日露戦争は「アジアの人々に勇気をあたえた」といった解釈と結びつくと、日本が欧米（白人）帝国主義にたちむかったという英雄的な日露戦争像を増幅させてしまいます。司馬遼太郎さんの『坂の上の雲』だけでは、そういった日露戦争像はあまり強調されていないのですが、『坂の上の雲』を巧みに利用して、一九三〇・四〇年代に作られた日露戦争＝アジア解放戦争の端緒とみなす歴史観が焼き直され、現代でもしばしば語られていることは見逃すことができません。

また、日露戦争をその後の〈韓国併合〉などの植民地支配、〈大逆事件〉などの国内の言論統制とリンクさせて論じることも、『坂の上の雲』の歴史認識を乗り越えるうえでは必要不可欠なことです。

本書は、『坂の上の雲』やそのテレビドラマの影響力と比べれば、実にささやかな存在にすぎないものかもしれません。それでも、「本が売れない」と言われて久しい現状の中で、こうした本を刊行してくださった高文研と、執筆にあたっていろいろな助言をくださった編集部の真鍋かおるさんにあらためて御礼申し上げます。

二〇一〇年一一月

山田　朗

8・1　韓国軍隊解散式、以後、抗日義兵運動が韓国全土に広がる。
8・27　韓国新皇帝・純宗即位。
8・31　英露協商成立（英仏露三国協商が成立、独墺伊三国同盟と対立）。
※（この年）歩兵操典など改定が進み、「日本式兵学」の確立が謳われる。

【1908（明治41）年】
8・27　東洋拓殖株式会社法公布（本社・京城）。

【1909（明治42）年】
10・26　伊藤博文、ハルビン駅で韓国人安重根に殺害される（11・4国葬）。

【1910（明治43）年】
2・14　安重根に関東都督府地方法院（旅順）で死刑判決（3・26処刑）
5・25　「大逆事件」の検挙はじまる。（6・1幸徳秋水検挙）
8・22　韓国併合に関する日韓条約調印。
9・30　朝鮮総督府官制公布（10・1初代総督・寺内正毅）。

【1911（明治44）年】
1・18　「大逆事件」被告24名に死刑判決（1・19 12名は無期に減刑、1・24幸徳処刑）

6・9　米大統領、日露両国に講和勧告文を手交（6・10日本政府受諾、6・12露政府受諾）。
6・27　露、黒海艦隊・戦艦ポチョムキンで水兵反乱。
6・30　閣議、講和交渉にのぞむ諸条件を決定（韓国の自由処分、露軍の満州撤退、遼東半島租借権・鉄道譲渡を絶対的条件とする）。
7・4　第13師団、樺太上陸（7・29樺太全島占領）。
7・8　日露講和会議出席の全権団、東京出発。
7・29　桂首相、米タフト陸軍長官と会談、韓国・フィリピンの両国の権益を相互承認（桂・タフト協定）。
8・10　米ポーツマスで第1回日露講和会議。
8・12　第2次日英同盟協約、ロンドンにて調印（英、韓国における日本の優越権承認、同盟の適用範囲がインド洋まで広がる）。
8・28　御前会議、償金・領土割譲を放棄しても講和を成立させる方針決定。
8・29　第10回講和会議、妥協成立。
9・5　日露講和条約調印（10・16公布、11・25批准書交換）。日比谷で講和反対国民大会開催、焼き打ち事件起こる。
10・12　桂首相、米鉄道資本家ハリマンと南満州鉄道共同経営に関する覚書を交換（小村外相、帰国後反対し、10・23覚書撤回）。
11・17　第2次日韓協約（韓国の外交権を剥奪、保護国化）。
12・22　ロシアの権益引き継ぎに関する清国との条約に調印。

【1906（明治39）年】
2・1　京城に韓国統監府が開庁される（初代統監・伊藤博文、3・2着任）。
2・10　英、新型戦艦ドレッドノート（弩級戦艦）進水（1906・12完成）。
8・1　関東都督府官制公布。
8・1　韓国駐箚軍司令部条例公布（天皇に直隷、統監の命令により兵力を使用）。
11・26　南満州鉄道株式会社設立。

【1907（明治40）年】
2・1　陸海軍、「帝国国防方針」などを決定（平時25個師団、八・八艦隊の建設）。
4・15　日露両軍、租借地・鉄道付属地を除き、満州より撤兵。
6・15　ハーグ密使事件。
7・24　第3次日韓協約（統監の内政指導）・秘密覚書（韓国軍隊の解散）調印。
7・30　第1次日露協約調印（満州における権益の相互尊重、秘密協定で鉄道・電信利権の分割）。

5・5　第二軍（司令官・奥保鞏大将）、遼東半島塩大澳に上陸開始。
5・15　戦艦「初瀬」「八島」触雷沈没。
5・19　大本営直轄・第10師団、大孤山上陸。
5・26　第二軍、南山占領。
5・31　閣議、韓国保護国化の方針を決定。
6・4　第三軍（司令官・乃木希典大将）司令部、遼東半島に上陸。
6・15　得利寺の戦い。
6・15　玄界灘で常陸丸、ウラジオストク艦隊に撃沈される。
6・20　満州軍総司令部（総司令官・大山巖元帥、総参謀長・児玉源太郎大将）を編成。
6・30　第二軍、大石橋・営口を占領。第四軍（司令官・野津道貫大将）を編成。
8・10　黄海海戦。
8・14　蔚山沖海戦（第二戦隊、露装甲巡洋艦1隻を撃沈、2隻を撃破）。
8・19　第三軍、第1回旅順総攻撃（8・24失敗・中止）。
8・22　第1次日韓協約調印。
8・24　露、太平洋第二艦隊（バルチック艦隊）の派遣を決定。
8・28　遼陽会戦（9・4遼陽占領）。
10・8　沙河会戦（露軍反攻、10・18露軍後退、対峙状態に）。
10・15　バルチック艦隊、リバウ軍港出航。
10・21　ドッガーバンク事件。
10・26　第2回旅順総攻撃（10・31失敗・中止）。
11・22　第三軍に対し、旅順攻略を急ぐよう勅語。
11・26　第3回旅順総攻撃（12・5二〇三高地を占領）。
12・6　旅順艦隊への砲撃（12・11旅順艦隊無力化）。

【1905（明治38）年】
1・1　旅順の露軍降伏。
1・22　露都サンクトペテルブルクで血の日曜日事件。
1・24　黒溝台の戦い（露軍反攻、1・29露軍後退）。
3・1　奉天会戦始まる（3・10満州軍、奉天占領）。
3・16　バルチック艦隊、マダガスカル島ノシベを出発。
3・23　山県参謀総長、「政戦両略概論」を政府首脳に提示。
4・14　バルチック艦隊、ベトナム・カムラン湾に到着（5・14北上開始）。
5・27　日本海海戦（～28バルチック艦隊壊滅）。
5・31　政府、高平小五郎駐米公使に米大統領への講和斡旋依頼を訓令（6・1ルーズベルト米大統領に申し入れ）。

10・6　小村外相・ローゼン公使により日露交渉開始。
10・8　露軍第3次撤兵期日、露履行せず。
10・12　内村鑑三・幸徳秋水・堺利彦、開戦論に転じた万朝報社を退社。
12・16　政府・元老会議、対露開戦を不可避とし、開戦準備に着手。
12・28　連合艦隊を編成（司令長官・東郷平八郎中将）。
12・28　伊で装甲巡洋艦2隻を買い付ける（のちの「春日」「日進」）。
12・30　参謀本部・海軍軍令部首脳会議、開戦時の共同作戦計画を決定。

【1904（明治37）年】
1・6　露、日露交渉についての最終案を提出。
1・7　閣議、参謀総長・軍令部長、両次長出席、開戦問題につき検討。
1　軍用海底ケーブルの敷設開始（以後、九州・朝鮮半島・遼東半島を結ぶ軍用電信・電話線の敷設進む）。
2・3　旅順の露艦隊出動の情報。
2・4　御前会議、露と国交断絶を決定。陸海軍合同会議、軍事行動開始時期につき協議。伊藤博文、金子堅太郎に対米工作を依頼。
2・5　連合艦隊司令長官に出動命令手交される。御前会議、開戦を決定。
2・6　連合艦隊、佐世保軍港より出撃。
2・8　韓国臨時派遣隊、仁川に上陸開始。連合艦隊、駆逐艦により旅順の露艦隊を夜襲。
2・9　瓜生戦隊、仁川港外で露軍艦2隻を攻撃、露艦沈没。
2・10　対露宣戦布告の詔勅。
2・11　宮中に大本営を設置（2・13第1回大本営御前会議）。
2・16　第12師団、仁川上陸（～2・27）。
2・23　日韓議定書調印。
2・24　第1回旅順港閉塞作戦（失敗）。高橋是清日銀副総裁、外債募集のために英に出発。
3・10　第一軍主力、大同江河口に上陸開始（～3・29）。
3・27　第2回旅順港閉塞作戦（失敗、広瀬武夫少佐ら戦死）。
4・8　英仏協商成立。
4・13　露マカロフ太平洋艦隊司令長官、旅順港外で旗艦触雷沈没により戦死。
4・25　元山沖で輸送船金州丸、ウラジオストク艦隊に撃沈される。
4・30　露、太平洋第二艦隊（バルチック艦隊）の編成を発表。
5・1　第一軍（司令官・黒木為楨大将）、鴨緑江渡河作戦開始。
5・2　露、バルチック艦隊司令長官にロジェストウェンスキー少将を任命。
5・3　第3回旅順港閉塞作戦（失敗）。

日露戦争＝略年表

【1902（明治35）年】

1・23　八甲田山麓で青森歩兵第５連隊の隊員ら210名、雪中行軍訓練中に遭難。
1・30　日英同盟協約をロンドンで調印（２・12各国に通告）。
4・8　露清協定（満州還付条約）成立、18カ月以内の露軍撤退を取決める。
5・1　露ニコライ２世、側近ベゾブラゾフを国務大臣に任命。
7　日英同盟にともなう陸海軍協約成立。
10・8　露、協定に従い満州からの第１次撤兵実施。
※（この年）英、全植民地とロンドンを結ぶ通信網を完成させる。

【1903（明治36）年】

4・8　露軍第２次撤兵期日、露履行せず。
4・21　山県・伊藤・小村、京都無隣庵にて対露策を協議。
5　露軍、鴨緑江を越え、竜岩浦に軍事施設を建設開始。
5・9　田村怡与造参謀次長ら偕行社で会合し、対露早期開戦論を協議。
5・10　参謀本部で緊急部長会議、早期開戦で意見まとまる。
5・12　大山巖参謀総長、天皇に「軍充実についての意見書」を提出、早期開戦の意見を述べる。
5・29　陸海軍中堅将校と外務官僚、新橋湖月に会合し、即時開戦を決議。
6・10　七博士、桂首相に対露強硬意見書を提出。
6・12　クロパトキン露陸相訪日（～16）。
6・22　大山参謀総長、「朝鮮問題解決に関する意見書」を天皇と政府に提出、早期開戦の必要を唱える。
6・23　御前会議、満韓問題解決のための対露交渉開始とその協定案を決定。
7・1　東清鉄道開通。
7・1　露首脳、旅順会談。クロパトキン、ベゾブラゾフ、アレクセーエフ、駐清・韓露公使ら極東問題を検討（～10）。
7・20　露、韓国の鴨緑江森林監督と竜岩浦土地租借契約を締結。
8・12　政府、露に満韓問題に関する日露協約案を提出。
8・12　露、旅順に極東総督府設置、初代総督にアレクセーエフが就任。
8・14　露クロパトキン陸相が辞表提出。
8・23　露、日露交渉地を東京にしたいと提案（９・７日本側同意）。
8・29　露ウィッテ蔵相失脚。
9・6　露、清国に満州撤兵に関する新要求。清国側拒否。
10・1　田村参謀次長病死（後任に児玉源太郎が就任）。

山田　朗（やまだ・あきら）
1956年大阪府生まれ。明治大学文学部教授。専攻は日本近現代軍事史。主な著書に『大元帥・昭和天皇』（新日本出版社）『軍備拡張の近代史』『世界史の中の日露戦争』（ともに吉川弘文館）『昭和天皇の軍事思想と戦略』（校倉書房）『歴史修正主義の克服』（高文研）ほか。

これだけは知っておきたい日露戦争の真実

●二〇一〇年一一月一五日―――第一刷発行
●二〇一一年二月八日―――第二刷発行

著　者／山田　朗

発行所／株式会社 高文研
東京都千代田区猿楽町二―一―八
三恵ビル（〒一〇一＝〇〇六四）
電話　03＝3295＝3415
振替　00160＝6＝18956
http://www.koubunken.co.jp

組版／株式会社WebD（ウェブ・ディー）

印刷・製本／シナノ印刷株式会社

★万一、乱丁・落丁があったときは、送料当方負担でお取りかえいたします。

ISBN978-4-87498-451-2　C0021